"十三五"普通高等教育规划教材

会计综合模拟实验

Kuaiji Zonghe Moni Shiyan

主　编　张利云
副主编　李　荔　药　茜

中国财经出版传媒集团
中国财政经济出版社

图书在版编目（CIP）数据

会计综合模拟实验 / 张利云主编． ——北京：中国财政经济出版社，2020.8（2023.8重印）
"十三五"普通高等教育规划教材
ISBN 978－7－5095－9908－2

Ⅰ．①会⋯　Ⅱ．①张⋯　Ⅲ．①会计学－高等学校－教材　Ⅳ．①F230

中国版本图书馆CIP数据核字（2020）第130068号

责任编辑：葛　新　　　　责任校对：李　丽
封面设计：陈宇琰

中国财政经济出版社 出版

URL：http：//www.cfeph.cn
E－mail：cfeph@cfeph.cn

（版权所有　翻印必究）

社址：北京市海淀区阜成路甲28号　邮政编码：100142
营销中心电话：010－88191537　编辑部门电话：010－88190640
北京密兴印刷有限公司印刷　各地新华书店经销
787×1092毫米　16开　31.25印张　443 000字
2020年8月第1版　2023年8月北京第3次印刷
定价：68.00元
ISBN 978－7－5095－9908－2
（图书出现印装问题，本社负责调换）
本社质量投诉电话：010－88190744
打击盗版举报热线：010－88191661　　QQ：2242791300

会计综合模拟实验

主　编　张利云
副主编　李　荔　药　茜
编　委（按姓氏笔画为序）
　　　　　王晓亮　李　荔　李　宽　张利云
　　　　　杨瑞平　房林中　药　茜　康鹏媛

前　言

为了适应企业会计准则和税法的变化，满足会计专业课程教学理论联系实际的要求，我们编写了《会计综合模拟实验》教材。本教材根据山西财经大学会计学院 2018 版本科专业人才培养方案编写而成，可供全国高等院校财经类专业教学使用。

本教材在编写过程中，依据"熟练掌握基础会计、成本会计、财务会计实务操作技能；熟悉会计惯例、会计法规对会计实务操作的要求，系统掌握会计核算操作程序"的会计综合模拟实验教学目标，在系统设计上，突出了以下特点：

第一，在实验形式上，采用手工操作形式进行综合实验。这是因为在电算化环境下，会计系统的大部分记录和计算被电脑所代替，反而不能"看到"会计系统中会计数据在各个环节的流转运行全过程。对于专业的学生来说，这不利于其对会计系统结构和数据运行的准确认识和理解。在会计工作普及电算化的今天，会计教学应当承担起让学生"看到"和理解会计系统中会计数据在各个环节的流转运行全过程的任务，而手工操作形式的综合实验能够做到这一点，这也是我们设计手工操作形式的综合实验的主要动因。

第二，在实验内容上，最大限度地将"基础会计""中级财务会计""成本会计""高级财务会计"课程的部分内容整合在一套综合模拟实验中，以便在一套综合模拟实验中更多地将理论教学内容"实践化"，提高教学效率。

第三，在与实际会计工作的衔接上，本教材力求高度仿真，原始凭证在格式和内容上与实际工作中的原始凭证基本保持一致，但因印刷的原因，原始凭证的颜色、大小和纸质会有所不同；另外，个别原始凭证出于实验简洁考虑，内容会有所简略，此种情况只限于极个别原始凭证。与此同时，本教材实验所采用的会计政策和税收规定为我国颁布的最新企业会计准则和税法规定，与实际会计工作在法规上尽可能保持同步，以缩短学生将来适应实际会计工作的时间。

第四，本教材最后给出了实验的关键答案，便于学生在实验中核对，避免发生系统性操作错误。

本教材由山西财经大学会计学院张利云担任主编，李荔副教授、药茜讲师担任副主编，负责全书的结构设计和内容安排。编写人员有山西财经大学会计学院的王晓亮、李宽、李荔、张利云、杨瑞平、房林中、药茜和山西方是科技有限公司财务总监康鹏嫒。李宽老师为本教材的体例设计、业务流程设计做了大量的工作，杨瑞平、李荔、药茜对本教材的经济业务、原始凭证和参考答案做了全面细致的审核和校订。

在本教材编写过程中，得到了山西财经大学会计学院、太原市宁化府溢源庆醋业有限公司的鼎力支持和帮助，在此表示衷心的感谢！

由于《会计综合模拟实验》教材的编写是一个系统化的工作，涉及会计实务的众多细节，极易出现差错。尽管我们尽力避免，但还可能有疏漏和错误，敬请同行专家、教材使用者批评指正。

编　者

2020 年 4 月

目　录

第一部分　会计综合模拟实验概述 …………………………………………… 1

第二部分　模拟企业概况 ………………………………………………………… 4

第三部分　建账资料 ……………………………………………………………… 9

第四部分　经济业务说明及操作提示 …………………………………………… 21

第五部分　原始凭证 ……………………………………………………………… 31

第六部分　参考答案 ……………………………………………………………… 451

第一部分　会计综合模拟实验概述

　　会计综合模拟实验是以一个虚拟会计主体经济业务的原始凭证（一般以会计模拟实验教材形式提供）作为操作基础，模拟会计人员审核和填制原始凭证、填制记账凭证、登记会计账簿和编制财务报表；以实际操作的形式全面了解和认识会计实务中的会计凭证、会计账簿和财务报表，掌握会计实务操作技能，理解其作为一个系统的会计的运行机制；是介于理论教学与会计实践之间的一种教学方法和教学形式。

一、会计综合模拟实验的意义

　　作为一种教学方法和教学形式，会计综合模拟实验有其他教学形式不可替代的作用，主要表现在四个方面。

（一）了解和熟悉会计实务的基础——原始凭证

　　对于会计专业的学生来说，会计知识是通过学习"基础会计""成本会计""中级财务会计""高级财务会计""税务会计"等课程获得的。在这些课程中，会计实务中的基础依据——原始凭证是以举例的形式体现的，并且出现的原始凭证种类、数量很少，使得学生对会计实务中多数种类的原始凭证从未见过，更谈不到对其审核，导致开始从事实际会计工作时无从下手，需要较长的适应时间。而会计综合模拟实验则将会计实务中常见的、典型的各种原始凭证设计整合在一套实验中，使得学生在完成一套模拟实验的同时，有机会看到与会计实务在格式和内容上基本完全一致（所不同的是实验中的原始凭证的颜色、字体、大小、印章等与实际的原始凭证略有不同，但并不影响对原始凭证格式和内容上的认识和理解）的各种原始凭证，弥补了理论教学中的不足，并且缩短了适应实际会计工作的时间。

（二）了解和掌握会计核算的实务操作方法和操作技术

　　会计实务操作方法和技术单凭听课和做作业是不够的，必须将会计操作方法和技术置于真实的会计系统环境中亲手操作才能够理解和把握。会计综合模拟实验就是设计一个会计系统，且给予真实的记账凭证、账簿、报表，在高度仿真的原始凭证基础上进行会计处理，使得学生有机会在操作中理解和掌握会计核算的操作方法和操作技术。

（三）熟悉会计法规、会计惯例对财务会计实务操作的要求

　　会计法规、会计惯例是对会计实务操作的规范，没有实际操作，会计法规和会计惯例就仅仅停留在"听说过"的层面上，而通过系统的会计综合模拟实验操作，将会计法规和会计惯例融于操作中，就会使会计法规和会计惯例"落到实处"，便于理解，也便于记忆。

（四）系统掌握会计实务的一般操作程序

会计综合模拟实验设计了一个仿真会计系统，将基础会计、成本会计、中级财务会计等课程的主要知识以实务操作的形式融于一个会计系统中，便于学生从系统的角度理解基础会计、成本会计和中级财务会计等课程。同时，通过实验的有序操作便于学生掌握会计实务的一般程序和运行机制。

二、会计综合模拟实验的内容

会计综合模拟实验的内容是实务化的基础会计、成本会计和中级财务会计等课程内容，限于一个模拟会计主体，其内容只能包含基础会计、成本会计、中级财务会计等课程的主要内容，而不可能包含全部会计业务。但是，会计综合模拟实验的内容又有超越基础会计、成本会计、中级财务会计等课程内容的方面，例如，各种票据和结算方式的具体运用、会计数据在会计系统中的结转（也称为运行或数据流转）等。

一般情况下，一个会计综合模拟实验会计主体包括的实验内容主要有：银行结算业务实验、存货收发业务核算实验、金融工具业务实验、长期股权投资业务实验、成本计算实验、期间费用核算实验、租赁业务实验、债务重组业务实验、非货币性资产交换业务实验、所得税核算实验、销售业务核算实验、财务成果及利润分配核算实验和财务报表编制实验等财务会计业务核算实验，以及财务会计实务系统操作方法、技术和程序。

三、会计综合模拟实验的操作程序

在基本程序上，会计综合模拟实验操作程序与会计实务操作程序相同。但毕竟是模拟，而不是实际环境，因此在操作程序上略有不同。对于本教材应按下列程序操作：

（1）阅读"第二部分 模拟企业概况"，了解实验会计主体概况、生产工艺过程、会计核算组织和会计政策选择。

（2）依据"第三部分 建账资料"，建立本实验所用的账簿，包括总账、现金日记账、银行存款日记账和明细账。

（3）将"第四部分 经济业务说明和操作提示"所列示各笔经济业务说明和操作提示对应"第五部分 原始凭证"中给出的各笔经济业务原始凭证，熟悉实际工作中的原始凭证格式和内容，学会、看懂会计系统中最基础的证明经济业务发生的"形式化语言"——原始凭证。

（4）根据审核无误的原始凭证或填制的原始凭证填制收款凭证、付款凭证和转账凭证。

（5）根据审核无误的原始凭证、收款凭证、付款凭证和转账凭证登记现金日记账、银行存款日记账和相关明细账。

（6）定期（本实验是每10日）根据收款凭证、付款凭证和转账凭证汇总编制科目汇总表，并据以登记总账。

（7）月末，在进行成本计算前，本实验是第171笔业务前（不含第171笔业务），编制科目汇总表，并据以登记总账；结出总账余额，与所属明细账户、现金日记账、银行存款日记账余额核对相符，确保进行成本计算前记录数据的正确性。

（8）计算自制半成品、产成品成本。

(9) 计算、结转各项成本、费用、税金；结转各项收入；结转本年利润和利润分配。

(10) 编制总账余额试算平衡表；将总账余额与所属明细账户、现金日记账、银行存款日记账余额核对相符；结账。

(11) 编制财务报表。

四、会计综合模拟实验的组织

会计综合模拟实验可根据实验课程的课时以及其他具体情况选择2人一组、3人一组、4人一组乃至多人一组，分组完成实验；也可以选择单人完成实验。分组实验可采用以下两种形式：一是不设置具体的会计岗位，组内成员按实验操作工作量大致分工，共同协作完成实验；二是设置具体的会计岗位，如出纳岗位、材料会计岗位、成本会计岗位、债权债务会计岗位、总账会计岗位等，将组内成员分至各个岗位，各岗位各司其职，共同协作完成模拟实验。

第二部分 模拟企业概况

一、基本情况

企业名称：益珍源醋业有限公司。
所属行业：食品制造业。
经营范围：生产、销售食醋。
主要产品：老陈醋 500ml×12 瓶/箱、老陈醋 2.4L×6 桶/箱、八珍醋、保健醋口服液。
纳税人类别：增值税一般纳税人。
纳税人识别号：1401081398（简码）。
开户银行：中国工商银行太原小店支行。
银行账号：0502121609（简码）。
企业内部机构设置：办公室、财务部、供应部、销售部、技术部、质检部和生产车间。

二、生产工艺过程和对应会计账户设置

企业有四个生产车间：一车间、二车间、三车间和四车间。

一车间——制醋车间。投入高粱、大曲、麸皮等原材料，经过：①润料、蒸料、拌料；②装缸酒精发酵；③二次拌料；④醋酸发酵；⑤熏醋；⑥淋醋等生产步骤，产出"自制半成品——散醋"（注：实际工作中，散醋可以是生产老陈醋的半成品，也可以作为产成品直接对外销售。本实验出于简化考虑，设定散醋作为自制半成品，用于进一步生产老陈醋，不对外销售）。一车间生产散醋的生产周期是 22 天，即从投入高粱等原材料开始到产出散醋需要 22 天的时间。一车间生产工艺流程和对应账户设置及账务处理如图 2-1 所示。

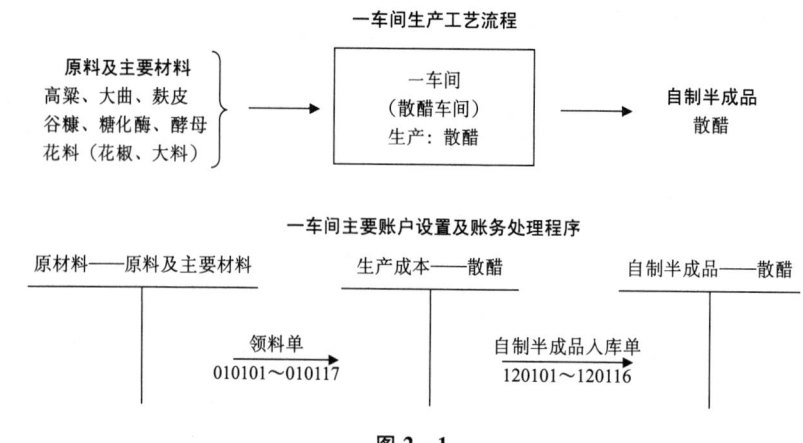

图 2-1

二车间——老陈醋车间。将一车间生产的散醋装入大缸，存放在大棚中，经过"夏伏晒，冬捞冰"，大缸中的散醋因温度的作用、水分的蒸发产生复杂的生化反应，形成"绵、酸、香、甜、鲜"的老陈醋。本实验将二车间生产的老陈醋作为"自制半成品——散老陈醋"核算。二车间生产工艺流程和对应账户设置及账务处理如图2-2所示。

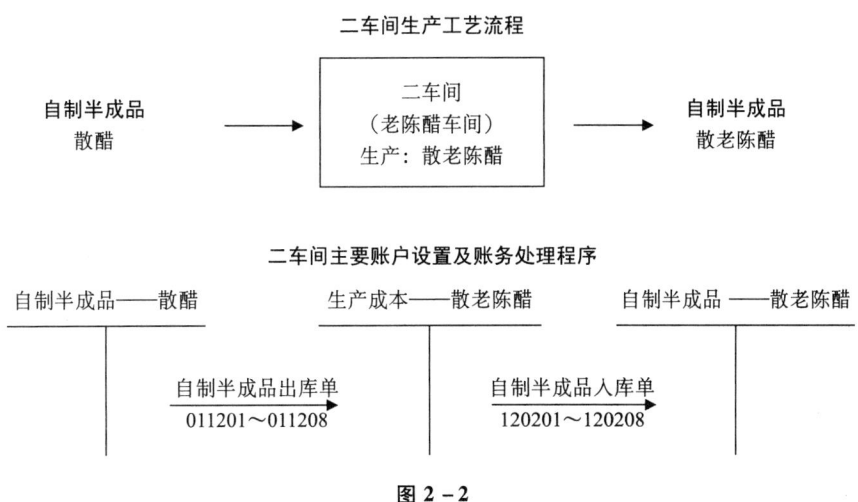

图 2 - 2

三车间——灌装车间。将二车间生产的自制半成品——散老陈醋灌装、包装，形成两种规格的产成品：老陈醋500ml×12瓶/箱、老陈醋2.4L×6桶/箱。三车间生产工艺流程和对应账户设置及账务处理如图2-3所示。

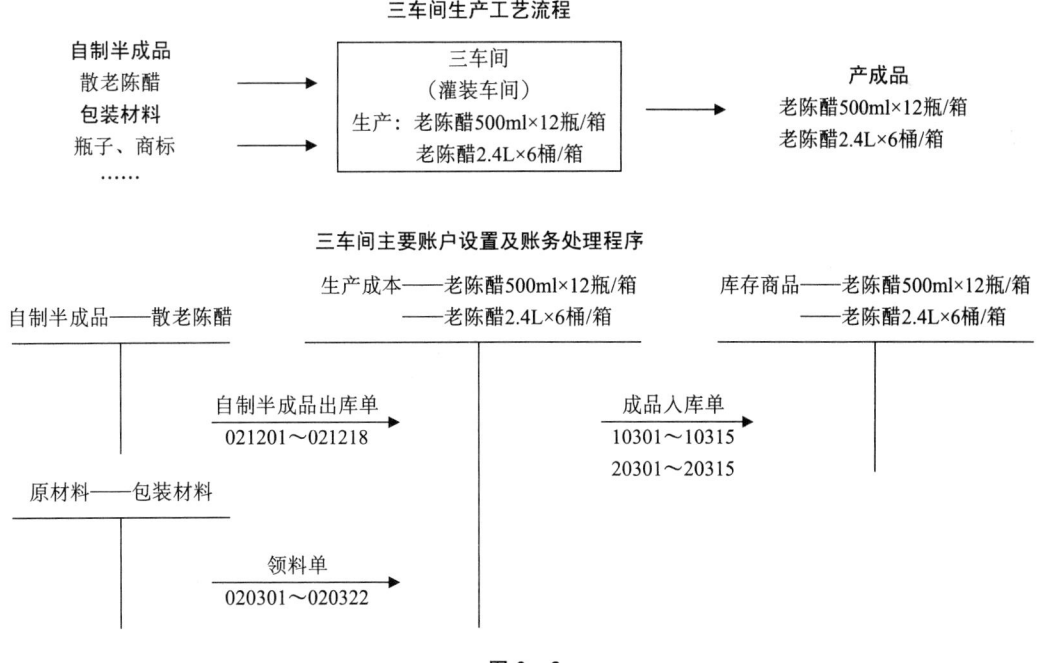

图 2 - 3

四车间——保健醋车间。将二车间生产的自制半成品——散老陈醋添加辅助材料（人参、黄芪等8种中药材），泡制加工成散八珍醋，经灌装、包装，形成产成品——八珍醋；将二车间生产的自制半成品——散老陈醋添加辅助材料（苦荞麦等），泡制加工成散保健醋，经灌装、包装，形成产成品——保健醋口服液。四车间生产工艺流程和对应账户设置及账务处理如图2-4所示。

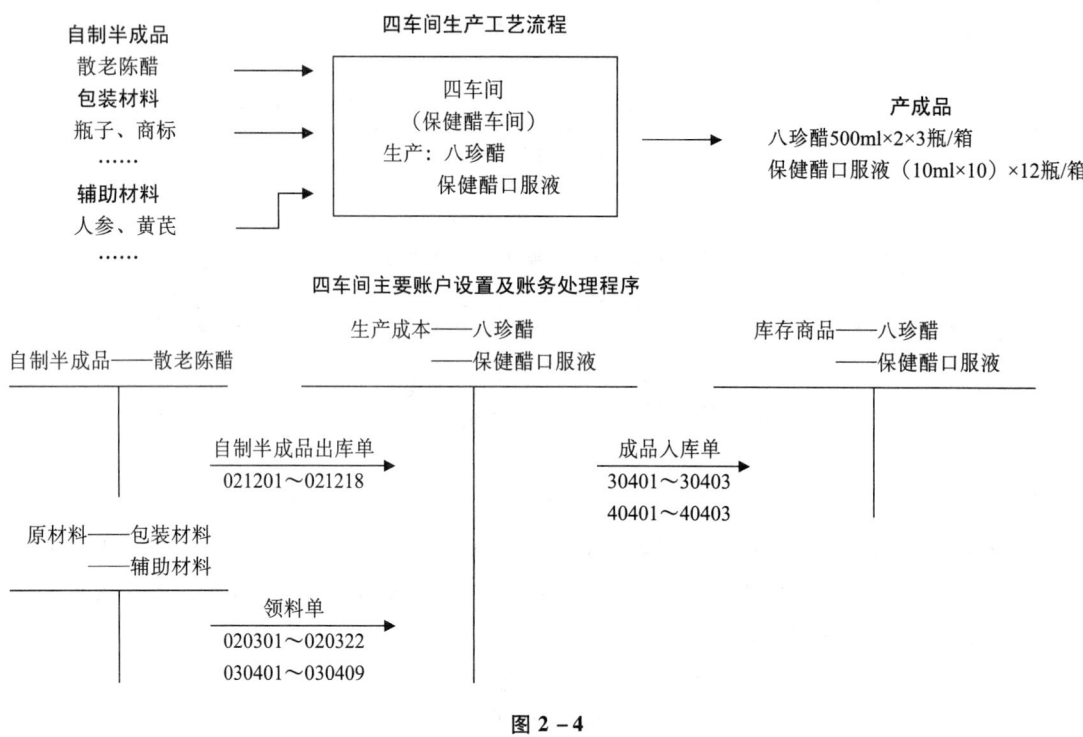

图2-4

三、会计核算组织和会计政策选择

（一）会计工作的组织形式

会计工作的组织形式，也称会计机构的组织形式，分为集中核算和分散核算两种形式。本企业采用分散核算形式。

企业的分散核算是指存货的明细核算分散于存货地点进行。具体讲，是原材料明细账（保管账，下同）放置在原材料仓库，根据收料单和领料单登记；自制半成品、库存商品明细账放置在自制半成品和库存商品仓库，根据入库单和出库单登记。除存货明细账分散于存货地点核算外，其他会计事项均在企业的会计部门核算。

（二）会计核算形式

本企业采用科目汇总表会计核算形式。每10日根据记账凭证编制科目汇总表，并据以登记总账。

（三）会计处理

本实验的会计处理执行现行的企业会计准则。具体会计政策在现行企业会计准则规定的范围内选择。

（四）原材料核算

1. 原材料收发的原始凭证

原材料收入（入库）的原始凭证是"收料单"，发出（出库）的原始凭证是"领料单"。

2. 原材料的计价

原材料采用实际成本计价。原材料的发出采用全月一次加权平均法计价。

3. 原材料明细账的设置和登记

本实验的原材料明细账按原材料的品种设置，即只设置原材料保管账。

本实验设定原材料明细账（保管账）放置于原材料仓库，由原材料保管人员登记。因此，登记原材料明细账的记账依据是收料单和领料单。会计部门负责材料核算的会计人员定期到仓库稽核、计价。实验时，一方面以仓库保管人员的身份登记原材料明细账（保管账），另一方面以材料会计的身份对原材料明细账稽核、计价。

（五）低值易耗品的核算

1. 收发的原始凭证

低值易耗品收发的原始凭证："低值易耗品入库单""低值易耗品出库单"。

2. 低值易耗品的计价

低值易耗品采用实际成本计价，低值易耗品的发出采用一次转销法计价。

3. 低值易耗品明细账的设置和登记

低值易耗品明细账按品种、规格设置；依据"低值易耗品入库单""低值易耗品出库单"登记。

（六）应付职工薪酬的核算

本企业按上月考勤计算发放工资、缴纳社会保险费和住房公积金，按本月考勤计算分配工资费用、社会保险费和住房公积金。职工福利费在实际发生时，按实际发生额计提，计入相关成本费用。

（七）固定资产的核算

1. 固定资产的明细分类核算

实际工作中，固定资产二级账"固定资产登记簿"一般按使用部门设置；固定资产三级账"固定资产卡片"按使用部门、管理部门、会计部门设置。因固定资产二级账、三级账是特定格式的账页，且固定资产卡片较多，出于简化实验，本实验对固定资产和累计折旧分别建立甲式明细账，进行固定资产、累计折旧的明细分类核算，这是本实验与实际会计工作不一致之处。

2. 固定资产折旧

固定资产采用年限平均法计提折旧。本月增加的固定资产不计提折旧，本月减少的固定资产照提折旧。

(八) 成本计算

采用逐步结转分步法计算自制半成品成本和产成品成本。

生产成本账户设置见本教材"第二部分 企业基本情况"中的"生产工艺流程与对应账户设置"。具体计算方法见"第四部分 经济业务说明及操作提示"相关业务中的说明。

(九) 自制半成品、库存商品的核算

1. 收发的原始凭证

自制半成品收发的原始凭证:"自制半成品入库单""自制半成品出库单"。

库存商品收发的原始凭证:"成品入库单""成品出库单"。

2. 自制半成品、库存商品的计价

自制半成品、库存商品按实际成本计价。自制半成品、库存商品的发出按全月一次加权平均法计价。

3. 自制半成品、库存商品明细账的设置和登记

自制半成品、库存商品按品种、规格设置明细账,以入库单、出库单为依据登记。

(十) 收入的确认

收入根据财政部修订后的《企业会计准则第14号——收入》(财会〔2017〕22号)进行会计确认及计量。

在会计实务操作中,企业销售商品,财务部门收到(或开具)发票、出库单时,一般情况下,购货方已提货或货物已发给购货方。

对于其他收入的确认,应参照企业会计准则,对应相关原始凭证,确认收入。

(十一) 应交税费的核算

本企业货物销售适用的增值税税率为13%,城市维护建设税税率为7%,教育费附加税率为3%,地方教育费附加税率为2%。

本企业适用的所得税税率为25%,所得税会计核算采用资产负债表债务法。

(十二) 坏账准备的计提

坏账准备的计提按预期信用损失法计提。

(十三) 损益的结转

损益的结转采用账结法。每月月末,结转损益类账户余额至本年利润账户。

(十四) 盈余公积的提取

年末,按本年净利润的10%提取法定盈余公积。

第三部分 建账资料

一、总账科目资料（见表 3-1）

表 3-1　　　　　　　　益珍源醋业有限公司总账科目及余额表

2019 年 11 月 30 日　　　　　　　　　　　　　　　　　　　　单位：元

序号	会计科目	余额 借方	余额 贷方	序号	会计科目	余额 借方	余额 贷方
	一、资产类			18	存货跌价准备		
1	库存现金	32 300		19	债权投资	1 200 000	
2	银行存款	2 213 245		20	其他债权投资		
3	其他货币资金	1 240 000		21	其他权益工具投资		
4	交易性金融资产			22	长期股权投资	3 135 000	
5	应收票据	1 780 000		23	长期股权投资减值准备		
6	应收账款	698 363		24	投资性房地产	7 875 000	
7	预付账款	137 218		25	投资性房地产累计折旧		1 781 250
8	应收利息	40 000		26	长期应收款		
9	其他应收款	5 000		27	固定资产	67 149 583	
10	坏账准备		3 815	28	累计折旧		45 753 340
11	在途物资			29	固定资产减值准备		
12	原材料	390 297		30	在建工程		
13	自制半成品			31	工程物资		
14	库存商品	271 296		32	固定资产清理		
15	发出商品			33	使用权资产		
16	委托加工物资			34	使用权资产累计折旧		
17	低值易耗品			35	使用权资产减值准备		

续表

序号	会计科目	余额 借方	余额 贷方	序号	会计科目	余额 借方	余额 贷方
36	无形资产	960 000		58	本年利润		2 628 681
37	累计摊销		350 000	59	利润分配		6 485 634.64
38	无形资产减值准备				四、成本类		
39	长期待摊费用			60	生产成本	9 930 399.39	
40	递延所得税资产	953.75		61	制造费用		
	二、负债类				五、损益类		
41	短期借款		9 600 000	62	主营业务收入		
42	应付票据			63	其他业务收入		
43	应付账款		308 905	64	公允价值变动损益		
44	合同负债		64 880	65	投资收益		
45	应付职工薪酬		1 195 126.50	66	资产处置损益		
46	应交税费		639 033	67	其他收益		
47	应付利息		187 760	68	营业外收入		
48	应付利润			69	主营业务成本		
49	其他应付款			70	其他业务成本		
50	长期借款		11 000 000	71	税金及附加		
51	应付债券			72	销售费用		
52	租赁负债			73	管理费用		
53	递延所得税负债			74	财务费用		
	三、所有者权益类			75	信用减值损失		
54	实收资本		10 000 000	76	资产减值损失		
55	资本公积		2 300 000	77	营业外支出		
56	其他综合收益			78	所得税费用		
57	盈余公积		4 760 230			97 058 655.14	97 058 655.14

二、明细账户相关资料（见表3-2）

表3-2

益珍源醋业有限公司明细账户余额及所需账页格式数量表

2019年11月30日

单位：元

序号	一级账户	二级账户	三级账户（成本费用项目）	账户余额 借方	账户余额 贷方	格式	所需账页 页数（张）
	资产类						
1	库存现金	现金日记账		32 300		日记账	1
2	银行存款	银行存款日记账		2 213 245		日记账	2
3	其他货币资金	银行汇票存款	嘉禾佳农贸有限公司	160 000		甲	1
		银行本票存款	博信塑料制品有限公司	1 080 000		甲	1
		存出投资款				甲	1
4	交易性金融资产	股票	成本			甲	1
			公允价值变动			甲	1
5	应收票据	商业承兑汇票	北京正和贸易有限公司糖酒批发部	980 000		甲	1
		银行承兑汇票	石家庄调味品批发公司	800 000		甲	1
		银行承兑汇票	上海新黄浦物贸有限公司	138 294		甲	1
6	应收账款	一百利连锁超市总店				甲	1
		秦皇岛海景湾食品批发店				甲	1
		龙城机场服务部		38 628		甲	1
		朔州调味品批发公司		150 200		甲	1
		花都超市总店		137 241		甲	1
		西安古都酒店集团公司				甲	1
		大中副食商城		234 000		甲	1
		北京天健养身保健食品批发公司				甲	1
7	预付账款	格丰农副产品贸易中心		80 000		甲	
		凯祥彩色包装有限公司		50 000		甲	1
		金龙灌装机械设备股份有限公司					
		太平洋保险股份有限公司	2019财产保险费	7 218		甲	1

续表

序号	一级账户	二级账户	三级账户（成本费用项目）	账户余额 借方	账户余额 贷方	格式	所需账页 页数（张）
8	应收利息	2018国债		40 000		甲	1
9	其他应收款	定额备用金	公司车队	5 000		甲	1
10	坏账准备	张志远				甲	1
11	在途物资	谷糠	裕丰农副产品贸易中心		3 815	甲	1
12	原材料	（见"原材料明细账户及余额表"）		390 297		乙	32
13	自制半成品	散醋				乙	2
14	库存商品	散老陈醋（见"库存商品明细账户及余额表"）		271 296		乙	2
15	发出商品					乙	5
16	委托加工物资	诚808家具厂	档案柜			甲	1
		大缸				乙	1
		草帘子				乙	1
		办公桌				乙	1
		办公椅				乙	1
17	低值易耗品	档案柜				乙	1
		手提式灭火器				乙	1
		劳保用品	乳胶手套			乙	1
18	存货跌价准备					甲	1
19	债权投资	2018国债	成本	1 200 000		甲	1
20	其他债权投资		成本			甲	1
21	其他权益工具投资	股票	公允价值变动			甲	1

续表

序号	一级账户	二级账户	三级账户（成本费用项目）	账户余额 借方	账户余额 贷方	所需账页 格式	所需账页 页数（张）
22	长期股权投资	沁水煤业有限公司（占20%股权，权益法核算）	投资成本	3 000 000		甲	1
23			损益调整	135 000		甲	1
24	长期股权投资减值准备					甲	1
25	投资性房地产	天宇写字楼6层		7 875 000		登记簿、卡片（以甲账簿代替）	1
26	投资性房地产累计折旧				1 781 250	登记簿、卡片（以甲账簿代替）	1
27	长期应收款					甲	1
28	固定资产			67 149 583		登记簿、卡片（以甲账簿代替）	1
29	累计折旧				45 753 340	登记簿、卡片（以甲账簿代替）	1
30	固定资产减值准备					甲	1
31	在建工程	出包工程	3号仓库工程			甲	1
32	工程物资					甲	1
33	固定资产清理					甲	1
34	使用权资产	桑塔纳小轿车				甲	1
35	使用权资产累计折旧					甲	1
36	无形资产	八珍醋非专利技术	成本	960 000		甲	1
37	累计摊销				350 000	甲	1
38	无形资产减值准备					甲	1
39	长期待摊费用					甲	1
40	递延所得税资产			953.75		甲	1
	负债类						
41	短期借款				9 600 000	甲	1

续表

序号	一级账户	二级账户	三级账户（成本费用项目）	账户余额 借方	账户余额 贷方	格式	页数（张）
42	应付票据	商业承兑汇票				甲	1
		银行承兑汇票				甲	1
43	应付账款	古城陶瓷制品厂				甲	1
		西山煤业有限公司			131 040	甲	1
		太原市盐业公司				甲	1
		太原市煤气有限公司			10 845	甲	1
		国网太原供电公司			49 840	甲	1
		太原市自来水公司			117 180	甲	1
		金穗粮食加工厂				甲	1
		水塔醋业有限公司				甲	1
44	合同负债	忻州金茂有限公司			30 000	甲	1
		龙翔软件有限公司			34 880	甲	1
		内蒙恒达利调味品批发公司				甲	1
45	应付职工薪酬	短期薪酬	工资		848 550	甲	1
			职工福利费			甲	1
			社会保险费		76 369.5	甲	1
			住房公积金		101 826	甲	1
			工会经费			甲	1
			职工教育经费	18 300		甲	1
			非货币性福利			甲	1
		离职后福利	养老保险		169 710	甲	1
			失业保险		16 971	甲	1
		辞退福利				甲	1
		其他长期职工福利				甲	1

续表

序号	一级账户	二级账户	三级账户（成本费用项目）	账户余额 借方	账户余额 贷方	格式	所需账页 页数（张）
						特种	3
		应交增值税			401 290	甲	1
		未交增值税			28 090.30	甲	1
		应交城建税			12 038.70	甲	1
46	应交税费	应交教育费附加			43 418	甲	1
		应交房产税			38 000	甲	1
		应交土地使用税			960	甲	1
		应交车船税			115 236	甲	1
		应交所得税				甲	1
		应交个人所得税				甲	1
47	应付利息	短期借款	流动资金借款		77 760	甲	1
		长期借款	一车间更新改造借款		110 000	甲	1
			3号仓库建造借款			甲	1
48	应付利润	市国有资产管理局				甲	1
		晋阳金茂贸易有限公司				甲	1
		张有德				甲	1
49	其他应付款					甲	1
50	长期借款	一车间更新改造借款			11 000 000	甲	1
		3号仓库专门借款				甲	1
51	应付债券					甲	1
52	租赁负债	租赁付款额				甲	1
53	递延所得税负债					甲	1
所有者权益类							
54	实收资本	太原市国有资产管理局			6 000 000	甲	1
		晋阳金茂贸易有限公司			3 000 000	甲	1
		张有德			1 000 000	甲	1
55	资本公积	资本溢价			2 300 000	甲	1
		其他资本公积				甲	1

续表

序号	一级账户	二级账户	三级账户(成本费用项目)	账户余额 借方	账户余额 贷方	格式	所需账页 页数(张)
56	其他综合收益	其他权益工具投资公允价值变动				甲	1
57	盈余公积	法定盈余公积			4 760 230	甲	1
58	本年利润	提取的盈余公积			2 628 681	甲	1
59	利润分配	应付利润				甲	1
		未分配利润			6 485 634.64	甲	1
	所有者权益合计				26 174 545.64	甲	1
	成本类						
60	生产成本	(见"生产成本明细账户及余额表")		9 930 399.39		多栏式	6
61	制造费用	一车间(制醋车间)	物料消耗			多栏式	1
			水电费				
			工资				
			福利费				
			社会保险及住房公积				
			劳动保护费				
			折旧费				
			低值易耗品摊销				
			办公费				
			其他				
		二车间(老陈醋车间)	(费用项目同上)			多栏式	1
		三车间(灌装醋车间)	(费用项目同上)			多栏式	1
		四车间(保健醋车间)	(费用项目同上)			多栏式	1

续表

序号	一级账户	二级账户	三级账户 (成本费用项目)	账户余额 借方	账户余额 贷方	所需账页 格式	所需账页 页数（张）
	损益类						
62	主营业务收入	老陈醋 500ml×12 瓶/箱				多栏式	6
		老陈醋 2.4L×6 桶/箱					
		八珍醋					
		保健醋口服液					
63	其他业务收入					多栏式	1
64	公允价值变动损益					甲	1
65	投资收益					甲	1
66	资产处置损益					甲	1
67	其他收益						
68	营业外收入					多栏式	1
69	主营业务成本	老陈醋 500ml×12 瓶/箱				多栏式	1
		老陈醋 2.4L×6 桶/箱					
		八珍醋					
		保健醋口服液					
70	其他业务成本					多栏式	1
71	税金及附加					多栏式	1
72	销售费用		运输费			多栏式	2
			装卸费				
			展销费				
			广告费				
			其他				

续表

序号	一级账户	二级账户	三级账户（成本费用项目）	账户余额 借方	账户余额 贷方	所需账页 格式	所需账页 页数（张）
73	管理费用		工资			多栏式	2
			福利费				
			社会保险费及住房公积金				
			工会经费				
			职工教育经费				
			差旅费				
			办公费				
			业务招待费				
			水电费				
			保险费				
			维护及修理费				
			低值易耗品摊销				
			折旧费				
			其他				
74	财务费用		利息			多栏式	2
			手续费				
			其他				
75	信用减值损失					甲	1
76	资产减值损失					甲	1
77	营业外支出					多栏式	1
78	所得税费用					甲	1

三、原材料明细账户资料（见表3-3）

表3-3　　　　　　　　　　　　　　原材料明细账户及余额表

2019年11月30日　　　　　　　　　　　　　　　　　　　　　　　　　　　　单位：元

一级账户	二级账户	三级账户	计量单位	月末结存 数量	月末结存 单价	月末结存 金额
原材料	原料及主要材料	高粱	公斤	15 000	2.28	34 200
		大曲	公斤	5 500	3.90	21 450
		麸皮	公斤	30 000	1.56	46 800
		谷糠	公斤	45 000	0.80	36 000
		糖化酶	公斤	390	7.30	2 847
		酵母	公斤	280	23.00	6 440
		食盐	公斤	6 000	0.95	5 700
		花料*	公斤	30	10.00	300
		煤炭	公斤	220 000	0.56	123 200
	小　计					276 937
	辅助材料	当归	公斤			
		黄芪	公斤			
		人参	公斤			
		沙参	公斤			
		甘草	公斤			
		白术	公斤			
		熟地	公斤			
		红花	公斤			
		苦荞麦	公斤	350	4.00	1 400
	小　计					1 400
	包装材料（老陈醋500ml×12瓶/箱）	玻璃瓶	个	58 000	0.70	40 600
		商标	套	10 000	0.20	2 000
		纸箱	个	5 000	2.20	11 000
	包装材料（老陈醋2.4L×6桶/箱）	2.4L塑料桶	个	11 000	2.60	28 600
		纸箱	个	2 600	2.40	6 240
	包装材料（八珍醋）	陶瓷瓶	个			
		纸盒	个			
		商标	套			
		纸箱	个			
	包装材料（保健醋口服液）	口服液瓶	个	84 000	0.28	23 520
		纸盒	个			
		手提袋	个			
		纸箱	个			
	小　计					111 960
	合　计					390 297

*花料，实际工作中习惯上的称谓，是指花椒和大料。出于简化，本实验将花料作为一个品种核算。

四、库存商品明细账户资料（见表3-4）

表3-4　　　　　　　　　　　　库存商品明细账户及余额表

2019年11月30日　　　　　　　　　　　　　　　　　　　　　　　　单位：元

一级账户	二级账户	三级账户	计量单位	月末结存		
				数量	单价	金额
库存商品	产成品	老陈醋500ml×12瓶/箱	箱	2 300	50.20	115 146
		老陈醋2.4L×6桶/箱	箱	1 500	104.10	156 150
		八珍醋	箱			
		保健醋口服液	箱			
合　计						271 296

五、生产成本明细账户资料（见表3-5）

表3-5　　　　　　　　　　　　生产成本明细账户及余额表

2019年11月30日　　　　　　　　　　　　　　　　　　　　　　　　单位：元

一级账户	二级账户	三级账户	直接材料	直接人工	制造费用	合　计
生产成本	一车间	散醋	715 560.65	589 912.32	148 997.20	1 454 470.17
	二车间	散老陈醋	8 199 421.72	106 357.50	170 150.00	8 475 929.22
	三车间	老陈醋500ml×12瓶/箱				
		老陈醋2.4L×6桶/箱				
	四车间	八珍醋				
		保健醋口服液				
合　计			8 914 982.37	696 269.82	319 147.20	9 930 399.39

第四部分　经济业务说明及操作提示

1. 1日，从嘉禾佳农贸有限公司购进原材料。

【提示】①根据增值税专用发票（发票联）、运费增值税专用发票（发票联）、收料单和银行汇票（多余款收账通知）填制记账凭证。②收料单一般为一式三联，即存根联、财务联和仓库联。在本实验中只提供了一联，并一联多用。对于本笔业务收料单一方面用于填制记账凭证（起财务联的作用），另一方面用于登记原材料明细账（起仓库联的作用），下同。

2. 1日，销售给一百利连锁超市总店产成品。按合同约定，货款下月结算。

【提示】①根据增值税专用发票（记账联）、出库单填制记账凭证。②出库单一般为一式三联，即存根联、财务联和仓库联。在本实验中只提供了一联，并一联多用。对于本笔业务出库单一方面用于填制记账凭证（起财务联的作用），另一方面用于登记库存商品明细账（起仓库联的作用），下同。

3. 1日，为在建工程——3号仓库工程借入专门借款，期限2年，年利率6%，按季结息。

【说明】出于实验简化，专门借款存款收支使用本企业银行结算账户。

4. 1日，将本日借入的专门借款支付给中海建筑安装公司作为出包工程款。

5. 1日，与黄河租赁有限公司签订租赁合同，租赁厢式货车3辆，本日交付使用。租赁期开始日为12月1日。

6. 1日，一车间领用原材料。

【提示】①根据领料单登记原材料明细账。本公司对原材料采用全月一次加权平均法计价，因此原材料明细账的贷方登记"数量"即可，不登记单价和金额。下同。②将领料单妥善保存，月末用于编制"发出材料汇总表"，并作为分配材料费用记账凭证的附件。

7. 1日，自制半成品入库。

【提示】①根据半成品入库单登记自制半成品明细账。②将半成品入库单妥善保存，月末用于半成品成本的计算和结转，并作为结转半成品成本记账凭证的附件。

8. 2日，由皓宇印务有限公司承印的商标验收入库。签发转账支票支付货款。

9. 2日，销售给秦皇岛海景湾食品批发公司产品。

10. 2日，提现备用。

【提示】填制付款凭证。

11. 2日，采购员张志远出差预借差旅费。

12. 2日，三车间领用包装材料。

13. 自制半成品出库。

【提示】①根据半成品出库单登记自制半成品明细账。②将半成品出库单妥善保存，月末用于编制"自制半成品发出汇总表"，并作为汇总发出自制半成品记账凭证的附件。

14. 3日，由琳琅玻璃制品有限公司定制的包装材料验收入库，出具银行承兑汇票。

15. 3日，收到龙城机场服务部上月购货欠款。

16. 3日，销售给龙城机场服务部产成品。按合同约定，本月货款下月结算。

17. 3日，向龙城电视台支付本月广告费。

18. 3日，自制半成品、成品入库。

19. 4日，由博信塑料制品有限公司定制的包装材料验收入库，通过网银支付货款。

20. 4日，销售给忻州金茂有限公司产品。货款前已预收30 000元，余款尚未收回。

21. 4日，从新盛锅炉配件用品商店购入锅炉软水盐，交付一车间使用。

22. 4日，自制半成品出库。

23. 4日，收到一百利连锁超市总店上月购货欠款。

24. 5日，预付裕丰农副产品贸易中心谷糠款。

25. 5日，从久源生物工程有限公司购进原材料。

26. 5日，销售给刘东海产品，现金收讫。

27. 5日，送存银行现金。

28. 5日，向太原市煤气公司支付上月煤气费。

29. 5日，一车间领用原料及主要材料。

30. 5日，自制半成品、成品入库。

31. 6日，由凯祥彩色包装有限公司承制的包装材料验收入库。货款已预付80 000元，余款暂欠。

32. 6日，销售给保定泰和食品批发公司产品。

33. 6日，从文星办公用品服务部购买办公用品，发给各部门车间使用。

34. 6日，三车间领用包装材料。

35. 6日，自制半成品出库。

36. 7日，从龙城中药材批发市场购入中药材，签发转账支票支付货款。

37. 7日，销售给龙城火车站超市产品。

38. 7日，支付国网太原供电公司上月电费。

39. 7日，四车间领用辅助材料。

40. 7日，自制半成品、成品入库。

41. 8日，由古城陶瓷制品厂定制的包装材料验收入库，货款尚未支付。

42. 8日，销售给一百利连锁超市总店产品。按合同约定，货款下月结算。

43. 8日，向太原市自来水公司支付上月水费。

44. 8日，从二级市场购买"新海科技"股票，划分为交易性金融资产。

45. 8日，四车间领用包装材料。

46. 8日，半成品出库。

47. 9日，从金穗粮食加工厂购进原材料。原材料验收入库，支付货款。

48. 9日，收到朔州调味品批发公司前欠货款。

49. 9日，销售给北京正和贸易有限公司糖酒批发部产品。

第四部分　经济业务说明及操作提示

50. 9 日，发放上月工资。

51. 9 日，向市医疗管理服务中心交上月基本医疗保险、工伤保险、生育保险。

52. 9 日，向市失业管理服务中心交上月失业保险费。

53. 9 日，向市企业基本养老保险管理服务中心交上月养老保险。

54. 9 日，向市住房公积金管理中心交上月住房公积金。

55. 9 日，一车间领用原料及主要材料。

56. 9 日，自制半成品、成品入库。

57. 10 日，从雁北粮油贸易有限公司购进原材料，收到发票账单。

【说明】将发票账单妥善保管，不做账务处理，待货到后一并做钱货两清账务处理。

【提示】12 月 13 日做账务处理。

58. 10 日，销售给曹梦溪产成品，现金收讫。

59. 10 日，送存银行现金。

60. 10 日，缴纳上月税费，代缴个人所得税。

61. 10 日，三车间领用包装材料。

62. 10 日，自制半成品出库。

63. 11 日，从明华制曲厂购进原材料。

64. 11 日，销售给花都超市总店产品。按合同约定，货款下月结算。

65. 11 日，收到花都超市总店上月欠款。

66. 11 日，公司办公楼灭火器有效期到期，购买并更换手提式灭火器。

67. 11 日，自制半成品、成品入库。

68. 11 日，从现代建材市场购入方木、玻璃，货款签发转账支票支付。方木、玻璃直接发往诚品家具厂，委托该厂加工档案柜。

【说明】委托加工的档案柜属于公司的低值易耗品，直接记入"委托加工物资"账户。

69. 12 日，从裕丰农副产品贸易中心购买的谷糠验收入库。货款前已预付。

70. 12 日，销售给晋阳调味品批发市场产品。

71. 12 日，黄永光接待外地订货人员，报销餐费，现金付讫。

72. 12 日，自制半成品出库，成品入库。

73. 12 日，北京正和贸易有限公司糖酒批发部签发的商业承兑汇票到期，收回款项。

74. 13 日，从雁北粮油贸易有限公司购进高粱 30 000 公斤验收入库，承付货款。

75. 13 日，支付前欠西山煤业有限公司煤炭款。

76. 13 日，从晋源镇草编制品厂购草帘子，支付货款。草帘子交付一车间使用。

77. 13 日，从金龙灌装机械设备有限公司购入自动洗瓶灌装生产线。该设备由销货方送货并负责安装。当日安装完毕，交付三车间使用。货款已预付 50 000 元。

78. 13 日，一车间领用原料及主要材料。

79. 13 日，自制半成品、成品入库。

80. 14 日，从太原面粉三厂购进原材料。

81. 14 日，销售给恒山果子园贸易有限公司产品。

82. 14 日，公司车队报销加油费、通行费、停车费，支付现金补足定额备用金。

【说明】公司车队费用支出采用定额备用金制度，备用金定额为 5 000 元，见"其他应收款——定额备用金（公司车队）"期初余额。

83. 14 日，三车间领用包装材料。

84. 14 日，自制半成品出库。

85. 15 日，用本公司的一辆旧桑塔纳小轿车交换新阳镇制陶厂一批大缸。新阳镇制陶厂为小规模纳税人。

【说明】本项非货币性资产交换，属于具有商业实质的非货币性资产交换。换入资产——大缸，有市场售价，其公允价值与旧桑塔纳小轿车的公允价值相比更可靠，因此以换入资产——大缸的公允价值作为换入资产——大缸的成本。

【提示】增值税普通发票中，税额 = 22 000/（1 + 3%）×3% = 640.78（元）。

税法规定：①小规模纳税人实行简易办法计算并缴纳增值税，征收率为 3%。②销售自己使用过的 2008 年 12 月 31 日以前购进或者自制的固定资产，按 3% 征收率减按 2% 征收增值税，但开具专用发票的除外。

86. 15 日，一车间、二车间领用低值易耗品。

87. 15 日，销售给一百利连锁超市总店产品。按合同约定，货款下月结算。

88. 15 日，四车间领用辅助材料。

89. 15 日，自制半成品、成品入库。

90. 16 日，从太原市盐业公司购进原材料。原材料验收入库，货款尚未支付。

91. 16 日，销售给武汉江汉调味品贸易有限公司产品。

92. 16 日，向天津调味品研究所支付产品质量检测和咨询费；支付检测和咨询专家各项费用。

93. 16 日，四车间领用包装材料。

94. 16 日，自制半成品出库。

95. 17 日，由凯祥彩色包装有限公司承印的包装材料验收入库。支付本次货款及前欠货款。

【提示】前欠凯祥彩色包装有限公司货款，见"预付账款——凯祥彩色包装有限公司"账户余额。

96. 17 日，销售给晋城糖酒批发公司产品。

97. 17 日，将石家庄调味品批发公司签发的银行承兑汇票贴现。

【说明】贴现资金拟用于二级市场购买股票。

98. 17 日，一车间领用原料及主要材料。

99. 17 日，自制半成品、成品入库。

100. 18 日，由琳琅玻璃制品有限公司定制的包装材料验收入库，支付货款。

101. 18 日，销售给龙城机场服务部产成品。按合同约定，本月货款下月结算。

102. 18 日，公司员工杨晓阳报销职业技能培训费。

103. 18 日，三车间领用包装材料。

104. 18 日，自制半成品出库。

105. 19 日，向开户银行申请签发银行本票（定额本票）。

【说明】申请银行签发的银行本票，拟用于支付博信塑料制品有限公司定制的包装材料货款。

【提示】连接第106笔业务。

106. 19日，由博信塑料制品有限公司定制的包装材料验收入库，货款以银行本票支付。银行本票结算余款8 922元，博信塑料制品有限公司签发转账支票退回。

【提示】连接第105笔业务。

107. 19日，销售给鸿福保健品有限公司产品。

108. 19日，公司会议室维修投影仪，支付现金50元。

109. 19日，自制半成品、成品入库。

110. 20日，从嘉禾佳农贸有限公司购进原材料，开具商业承兑汇票。

111. 20日，销售给安阳金鼎贸易有限公司产品。

112. 20日，支付第二届北方食品展览会展览费。

113. 20日，向证券账户存出投资款。

114. 20日，自制半成品出库，成品入库。

115. 21日，从久源生物工程有限公司购进原材料。

116. 21日，从二级市场购入"网维通讯"股票，划分为其他权益工具投资。

117. 21日，从平安劳保用品服务部购买防酸碱乳胶劳保手套，交四车间使用。

118. 21日，支付本季银行借款利息；收到本季银行存款利息。

119. 21日，一车间领用原料及主要材料。

120. 21日，自制半成品、成品入库。

121. 22日，从金穗粮食加工厂购进原材料。原材料验收入库，货款尚未支付。

122. 22日，销售给一百利连锁超市总店产品。按合同约定，货款下月结算。

123. 22日，蒋旭光报销差旅费。

124. 22日，三车间领用包装材料。

125. 22日，自制半成品出库。

126. 23日，支付金穗粮食加工厂麸皮款。

【提示】连接第121笔业务。

127. 23日，销售给刘洋产成品，现金收讫。

128. 23日，送存银行现金。

129. 23日，委托诚品家具厂加工的档案柜运达公司，验收后直接交付档案室使用。

【提示】连接第68笔业务。

130. 23日，四车间领用辅助材料。

131. 23日，自制半成品、成品入库。

132. 24日，销售给西安古都酒店集团有限公司产品。

133. 24日，支付本月电话费；分配本月电话费。

【说明】电话费按当月交费计入成本费用。

134. 24日，四车间领用包装材料。

135. 24日，自制半成品出库。

136. 25日，从倍卓生物工程有限公司购进原材料。

137. 25日，销售给龙城火车站超市产品。

138. 25日，一车间领用原料及主要材料。

139. 25日，自制半成品、成品入库。

140. 26日，销售给花都超市总店产成品。按合同约定，货款下月结算。

141. 26日，将持有的沁水煤业有限公司20%股权全部转让给宁煤集团有限公司。

142. 26日，三车间领用包装材料。

143. 26日，自制半成品出库。

144. 27日，从太原面粉三厂购进原材料。

145. 27日，销售给晋阳调味品批发市场产品。

146. 27日，华凯彩印厂送来公司定制的荣誉证书和锦旗，办公室验收，支付款项。

147. 27日，自制半成品、成品入库。

148. 28日，从大营农贸市场购进原材料。

149. 28日，销售给上海新黄浦物贸有限公司产品，收到银行承兑汇票。

150. 28日，支付银行票据工本费、结算手续费。

151. 28日，自制半成品出库，成品入库。

152. 29日，从西山煤业有限公司购进原材料。原材料验收入库，款项尚未支付。

153. 29日，销售给恒山果子园贸易有限公司产品。

154. 29日，张志远报销差旅费。

155. 29日，预收内蒙恒达利调味品批发公司货款。

156. 29日，一车间领用原料及主要材料。

157. 29日，自制半成品、成品入库。

158. 29日，通过市民政局向市社会福利院捐赠老陈醋。

【提示】本日，根据出库单登记库存商品明细账，并做借记"营业外支出——捐赠支出"，贷记"应交税费——应交增值税（销项税额）"的账务处理。待12月31日结转发出库存商品成本时，再做借记"营业外支出——捐赠支出"，贷记"库存商品"的账务处理。

159. 30日，将12月8日购进的"新海科技"100 000股股票卖出。

160. 30日，与大中副食品商城达成的债务重组协议，减免部分债务，余款收回。

161. 30日，与北京天健养身保健品批发公司签订购销八珍醋、保健醋口服液经济合同，以现金购买印花税票并贴花。

162. 30日，销售给北京天健养身保健品批发公司产品。按合同约定，货物运输费、装卸费由本公司负担，货款在货物验收后3个月内付清。

163. 30日，收回西安古都酒店集团托收承付货款。

164. 30日，三车间领用包装材料。

165. 30日，自制半成品出库。

166. 31日，收到从裕丰农副产品贸易中心购买谷糠的发票，谷糠尚未到达，货款已预付。

167. 31日，销售给内蒙恒达利调味品批发公司产品。

168. 31日，一车间领用原料及主要材料。

169. 31日，自制半成品入库、出库，成品入库。

170. 31日，支付金麦快餐有限公司订餐费，计提职工福利费。

【说明】本笔业务为周六、周日公司为在岗职工统一订午餐的餐费，其费用从职工福利费中列支。

171. 31 日，汇总分配原材料（原料及主要材料）费用。

172. 31 日，汇总分配原材料（包装材料）费用。

173. 31 日，汇总分配原材料（辅助材料）费用。

174. 31 日，计算一车间生产散醋耗用煤气费用。

【提示】计入"生产成本——散醋（直接材料）"。

175. 31 日，分配本月电费。

【提示】费用分配率保留四位小数。下同。

176. 31 日，分配本月水费。

177. 31 日，分配本月工资费用，计算社会保险费、住房公积金，计提工会经费和职工教育经费。

178. 缴拨工会经费。

179. 31 日，计提本月固定资产折旧。

180. 31 日，摊销本月无形资产。

181. 计算保健醋口服液非专利技术使用费。

【说明】2019 年 11 月 20 日，本公司与水塔醋业有限公司签订一项无形资产租赁合同。合同约定：自 2019 年 12 月 1 日起，水塔醋业有限公司出租给本公司保健醋口服液非专利技术。本公司每销售 1 箱保健醋口服液，应支付给水塔醋业有限公司 10 元的非专利技术的使用费。3 个月结算一次租金。租期 2 年。

182. 31 日，分配一车间制造费用。

183. 31 日，计算结转一车间完工自制半成品成本。

【说明】散醋的生产周期是 22 天，也就是说从投料开始到产出散醋，需要 22 天的时间。本月共计 31 天，其中，22 天投入的原材料并没有产出散醋，而是形成了在产品。因此，计算月末在产品"直接材料"时，应先计算月末在产品：

月末在产品（直接材料）＝本月投入原材料费用÷31 天×22 天

在计算出月末（直接材料）在产品后，将"累计生产费用"（直接材料）减去月末在产品（直接材料），即为本月完工半成品（散醋）的成本。

"直接人工""制造费用"成本项目的计算与"直接材料"成本项目的计算方法相同。

【提示】①"半成品成本计算单"中的"本月产量"数据，根据"自制半成品入库单"汇总填列。因此，"自制半成品入库单"应作为"半成品成本计算单"的附件；"半成品成本计算单"应作为本笔业务转账凭证的附件。②"半成品成本计算单"中，"月初在产品""本月生产费用"，根据"生产成本——一车间（散醋）"明细账有关数据填列。

184. 31 日，结转自制半成品——散醋发出成本。

【提示】①"自制半成品——散醋发出汇总表"中，"数量（升）"根据自制半成品出库单汇总而来；"单价（元/升）"应根据自制半成品（散醋）明细账按全月一次加权平均法计算得出，只不过本月无月初余额，其发出单位成本即为本月入库单位成本。②"自制半成品出库单"应作为"自制半成品——散醋发出汇总表"的附件；"自制半成品——散醋发出汇总表"应作为本笔业务转账凭证的附件。

185. 31 日，结转（分配）二车间制造费用。

186. 31 日，结转二车间完工自制半成品成本。

【说明】自制半成品（散老陈醋）完工半成品成本与月末在产品成本的分配，是按完工半成品所使用散醋数量与月末在产品所使用散醋数量的比例进行分配的，其费用分配率和成本计算如下：

完工半成品费用分配率＝完工半成品使用的散醋数量÷累计投入散醋数量

完工半成品成本＝累计投入费用×完工半成品费用分配率

月末在产品成本＝累计投入费用－完工半成品成本

【提示】①"半成品成本计算单"中的"本月产量"数据，根据"自制半成品入库单"汇总填列。因此，"自制半成品入库单"应作为"半成品成本计算单"的附件；"半成品成本计算单"应作为本笔业务转账凭证的附件。②"半成品成本计算单"中，"月初在产品""本月投入"相关数据，根据"生产成本——二车间（散老陈醋）"明细账有关数据填列。

187. 31 日，结转自制半成品——散老陈醋发出成本。

【提示】根据"自制半成品出库单"汇总填列。

188. 31 日，分配三车间制造费用。

189. 31 日，结转三车间完工产品成本。

【说明】三车间所生产的两种产品月初、月末均无在产品。

190. 31 日，分配四车间制造费用。

191. 31 日，结转四车间完工产品成本。

【说明】四车间所生产的两种产品月初、月末均无在产品。

192. 31 日，计算库存商品加权平均单价，结转发出库存商品成本。

193. 31 日，确认本月投资性房地产——天宇写字楼租金（龙翔软件有限公司）收入。

【说明】年初已预收全年房租。

【提示】查阅"合同负债——龙翔软件有限公司"明细账。

194. 31 日，计提投资性房地产折旧。

195. 摊销租赁厢式货车未确认融资费用。

196. 摊销本月预付财产保险费。

【说明】2019 年财产保险费于上年预付，本年按月平均摊销。

【提示】查阅"预付账款——太平洋保险股份有限公司（2019 财产保险费）"月初余额。

197. 31 日，计算债权投资应收利息，确认投资收益。

【说明】2018 国债于 2018 年 4 月 1 日发行，期限 3 年，年利率 5%，每年 4 月 10 日付息一次，到期还本。2018 年 4 月 1 日，平价购入 2018 国债 1 200 000 元，划分为债权投资（见本实验"期初余额"）。

【提示】查阅"债权投资——2018 国债""应收利息——2018 国债"明细账。

198. 31 日，确认其他权益工具投资——股票公允价值变动。

199. 31 日，计提坏账准备。根据金融资产减值准备计算办法，计算本期应计提坏账准备 1 723.28 元。

200. 31 日，结转本月应交税费——应交增值税（转出未交增值税）至应交税费（未交增值税）账户。

201. 31 日，计算本月应交城市维护建设税和教育费附加。

202. 31 日，计算本月应交土地使用税、房产税和车船使用税。

203. 31 日，计算本月应交所得税。

【提示】"2019 所得税差异资料汇总表"中，"业务招待费"项目，查阅第 72 笔业务；"对外捐赠"项目，查阅第 158、192 笔业务；"坏账准备结转"项目，查阅第 160 笔业务；"坏账准备计提"项目，查阅第 199 笔业务；"国债利息"项目，查阅第 197 笔业务；"其他权益工具投资——公允价值变动"项目，查阅第 198 笔业务。

204. 31 日，结转收入、成本、费用和税金等损益类账户余额至本年利润账户。

205. 31 日，结转本年利润账户余额至利润分配（未分配利润）账户。

206. 31 日，提取法定盈余公积。

207. 31 日，结转利润分配（提取的法定盈余公积）账户余额至利润分配（未分配利润）账户。

208. 31 日，编制总账余额试算平衡表。

209. 31 日，编制资产负债表。

210. 31 日，编制利润表。

211. 31 日，编制所有者权益变动表。

【说明】出于实验资料所给数据的制约，所有者权益变动表按月编制，即编制 12 月份的所有者权益变动表。

第五部分 原始凭证

1－6－1

山东增值税专用发票

抵 扣 联　　　　　　　　　　　　　　　No 00455212

开票日期：2019 年 12 月 1 日

购买方	名　　称：益珍源醋业有限公司 纳税人识别号：1401081398 地　址、电话：太原市龙城大街 626 号　0351－7686688 开户行及账号：中国工商银行太原小店支行　0502121609	密码区	（略）

货物或应税劳务、服务名称	规格型号	单位	数量	单价	金额	税率	税额
*谷物*高粱		公斤	60 000	2.00	120 000.00	9%	10 800.00
合计					¥120 000.00		¥10 800.00

价税合计（大写）	⊗壹拾叁万零捌佰元整　　　　　　（小写）¥130 800.00

销售方	名　　称：嘉禾佳农贸有限公司 纳税人识别号：37010690 地　址、电话：山东省高密市益安大道 68 号　0536－2127345 开户行及账号：中国农业银行高密支行　1216090502	备注	

收款人　杨雨　　　复核　刘慧　　　开票人　吴文佳　　　销售方　（章）

1－6－2

山东增值税专用发票

发 票 联　　　　　　　　　　　　　　　No 00455212

开票日期：2019 年 12 月 1 日

购买方	名　　称：益珍源醋业有限公司 纳税人识别号：1401081398 地　址、电话：太原市龙城大街 626 号　0351－7686688 开户行及账号：中国工商银行太原小店支行　0502121609	密码区	（略）

货物或应税劳务、服务名称	规格型号	单位	数量	单价	金额	税率	税额
*谷物*高粱		公斤	60 000	2.00	120 000.00	9%	10 800.00
合计					¥120 000.00		¥10 800.00

价税合计（大写）	⊗壹拾叁万零捌佰元整　　　　　　（小写）¥130 800.00

销售方	名　　称：嘉禾佳农贸有限公司 纳税人识别号：37010690 地　址、电话：山东省高密市益安大道 68 号　0536－2127345 开户行及账号：中国农业银行高密支行　1216090502	备注	

收款人　杨雨　　　复核　刘慧　　　开票人　吴文佳　　　销售方　（章）

1-6-3

山东增值税专用发票

抵扣联　　　　　　　　　　　　　　　　No 00453268

开票日期：2019 年 12 月 1 日

购买方	名　称：益珍源醋业有限公司 纳税人识别号：1401081398 地址、电话：太原市龙城大街626号　0351-7686688 开户行及账号：中国工商银行太原小店支行　0502121609	密码区	（略）

货物或应税劳务、服务名称	规格型号	单位	数量	单价	金额	税率	税额
*运输服务*运输费					18 000.00	9%	1 620.00
合计					¥18 000.00		¥1 620.00

价税合计（大写）	⊗壹万玖仟陆佰贰拾元整　　　　　（小写）¥19 620.00

销售方	名　称：灵龙物流有限公司 纳税人识别号：437010690 地址、电话：山东省高密市康城大街37号　0536-2124357 开户行及账号：中国建设银行高密支行　1346090205	备注	起运地：高密 到达地：太原市 车型车号：货车 运输货物信息：高粱

收款人　刘玉平　　　复核　张一帆　　　开票人　章月　　　销售方（章）

第二联　抵扣联　购买方扣税凭证

1-6-4

山东增值税专用发票

发票联　　　　　　　　　　　　　　　　No 00453268

开票日期：2019 年 12 月 1 日

购买方	名　称：益珍源醋业有限公司 纳税人识别号：1401081398 地址、电话：太原市龙城大街626号　0351-7686688 开户行及账号：中国工商银行太原小店支行　0502121609	密码区	（略）

货物或应税劳务、服务名称	规格型号	单位	数量	单价	金额	税率	税额
*运输服务*运输费					180 000.00	9%	1 620.00
合计					¥180 000.00		¥1 620.00

价税合计（大写）	⊗壹万玖仟陆佰贰拾元整　　　　　（小写）¥19 620.00

销售方	名　称：灵龙物流有限公司 纳税人识别号：437010690 地址、电话：山东省高密市康城大街37号　0536-2124357 开户行及账号：中国建设银行高密支行　1346090205	备注	起运地：高密 到达地：太原市 车型车号：货车 运输货物信息：高粱

收款人　刘玉平　　　复核　张一帆　　　开票人　章月　　　销售方（章）

第三联　发票联　购买方记账凭证

1-6-5

发票号码：No 00455212

供货单位：嘉禾佳农贸有限公司

收 料 单

2019年12月1日

收料单号：011201

收料仓库：1号库

材料类别	名称及规格	单位	应收数量	实收数量	单价	金额
原料及主要材料	高粱	公斤	60 000	60 000	2.30	138 000

记账　　　　　　　　验收　谢德恩　　　　　　　制单　张丽

1-6-6

中国工商银行
银 行 汇 票（多余款收账通知）　　汇票号码

出票日期：贰零壹玖年壹拾贰月零壹日（大写）　　代理付款行：　　行号：

收款人	嘉禾佳农贸有限公司					账号：1216090502							
出票金额	人民币（大写）壹拾陆万元整												
实际结算金额	人民币（大写）：壹拾伍万零肆佰贰拾元整	千	百	十	万	千	百	十	元	角	分		
		¥	1	5	0	4	2	0	0	0			
申请人	益珍源醋业有限公司					账号：0502121609							
出票行	中国工商银行太原小店支行　行号：10279												
备注：_____ 出票行签章 2019年12月1日	密押： 多余金额											左列退回多余金额已收入你方账户内。	
		千	百	十	万	千	百	十	元	角	分		
					¥	9	5	8	0	0	0		

此联出票行结清多余款后交申请人

2-2-1

山西增值税专用发票

记账联

No 00654387

开票日期：2019 年 12 月 1 日

购买方	名　　　称：一百利连锁超市总店 纳税人识别号：140167654 地址、电话：太原市大同路 123 号　0351-3562751 开户行及账号：中国工商银行太原新建路支行　06021552545					密码区	（略）	
货物或应税劳务、服务名称	规格型号	单位	数量	单价	金额	税率	税额	
*调味品*老陈醋	500ml×12瓶/箱	箱	200	72.00	14 400.00	13%	1 872.00	
*调味品*老陈醋	2.4L×6桶/箱	箱	200	150.00	30 000.00	13%	3 900.00	
合计					¥44 400.00		¥5 772.00	
价税合计（大写）	⊗伍万零壹佰柒拾贰元整				（小写）¥50 172.00			
销售方	名　　　称：益珍源醋业有限公司 纳税人识别号：1401081398 地址、电话：太原市龙城大街 626 号　0351-7686688 开户行及账号：中国工商银行太原小店支行　0502121609					备注		

收款人　张静文　　　　复核　杨芸　　　　开票人　夏子兰　　　　销售方（章）

第一联　记账联　销售方记账凭证

2-2-2

出库单

发给：一百利连锁超市总店　　2019 年 12 月 1 日　　第 1512001 号

品名	单位	数量	单价	金额								用途或原因
				十	万	千	百	十	元	角	分	
老陈醋 500ml×12瓶/箱	箱	200										销售
老陈醋 2.4L×6桶/箱	箱	200										

3

中国工商银行 借 款 凭 证

2019年12月1日　　　　　　　　　　　　　　第 20191205 号

借款人	益珍源醋业有限公司	贷款账号	0502121609	存款账号	06021552545

贷款金额	人民币（大写）：壹佰万元整	千	百	十	万	千	百	十	元	角	分
	¥		1	0	0	0	0	0	0	0	0

用途	建仓库	期限	2 年	约定还日期	2021 年 12 月 1 日
		贷款利率	6%	借贷合同号码	D1208

以上贷款已转入借款人指定的账户。

复核 张峰　　　　　　　记账 刘一飞

4-2-1

山西增值税专用发票

发 票 联　　　　　　　　　　　　　　№ 00453268

开票日期：2019 年 12 月 1 日

购买方	名　　称：益珍源醋业有限公司 纳税人识别号：1401081398 地　址、电话：太原市龙城大街 626 号　0351-7686688 开户行及账号：中国工商银行太原小店支行　0502121609	密码区	（略）

货物或应税劳务、服务名称	规格型号	单位	数量	单价	金额	税率	税额
*建筑服务*工程款					1 000 000.00	9%	90 000.00
合计					¥ 1 000 000.00		¥ 90 000.00

价税合计（大写）	⊗壹佰零玖万元整	（小写）¥ 1 090 000.00

销售方	名　　称：中海建筑安装公司 纳税人识别号：140143276 地　址、电话：山西省太原市西矿街 37 号　0351-2124357 开户行及账号：中国建设银行下元支行　1346054372	备注	工程名称：3 号仓库工程 工程地址：太原市小店区

收款人　张海琴　　　复核　康立　　　开票人　欧维　　　销售方（章）

4－2－2

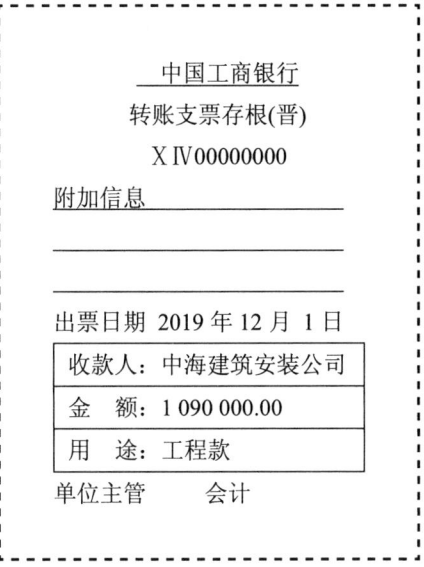

5－2－1

厢式货车租赁合同（简式）

租赁合同主要条款如下：

（1）租赁标的物：厢式货运车。

（2）租赁期开始日：2019年12月1日。

（3）租赁期：2019年12月1日~2025年12月1日，共6年。

（4）租金：自租赁开始日起，每12个月于第12个月月末支付租金150 000元。

（5）厢式货运车在2019年12月1日的公允价值为720 000元。

（6）租赁合同规定的利率为7%。

（7）厢式货运车的估计使用年限为7年，期满无残值。

（8）租赁期满，公司享有优惠购买该汽车的选择权，购买价为100元，估计该日租赁资产的公允价值为8 000元。

PA（6，7%）＝4.767；PV（6，7%）＝0.666。

5－2－2

固定资产验收移交单

2019年12月1日　　　　第 20191203 号

供货单位：黄河租赁有限公司				使用部门：供应部		备注：
名称	规格	单位	数量	单价	金额	
厢式货车		辆	3	238 372.20	715 116.60	
合计				238 372.20	715 116.60	

保管员：张亮　　　　　　　　　　检验员：王飞

第二联　会计记账

6－2－1

领 料 单

领料单位：一车间（制醋车间）　　2019 年 12 月 1 日　　　　　　　第 010101 号

编号	品名	规格	单位	请领数量	实发数量	单价	金额	备注
	高梁		公斤	15 000	15 000			
	大曲		公斤	5 490	5 490			
	麸皮		公斤	14 930	14 930			
	谷糠		公斤	14 930	14 930			
领料用途	生产散醋					合计		

供应部门负责人　　　　发料　　　　领料 姜建伟　　　制单 李旭光　　　领料部门负责人

第三联　会计凭证

6－2－2

领 料 单

领料单位：一车间（制醋车间）　　2019 年 12 月 1 日　　　　　　　第 010102 号

编号	品名	规格	单位	请领数量	实发数量	单价	金额	备注
	食盐		公斤	1 460	1 460			
	糖化酶		公斤	195	195			
	酵母		公斤	150	150			
	花椒、大料		公斤	13	13			
领料用途	生产散醋					合计		

供应部门负责人　　　　发料　　　　领料 姜建伟　　　制单 李旭光　　　领料部门负责人

第三联　会计凭证

7－2－1

自制半成品 入 库 单

送货单位：一车间　　　　2019 年 12 月 1 日　　　　　　　第 120101 号

品名	规格	单位	原送数量	实收数量	单价	金额							
						十	万	千	百	十	元	角	分
散醋		升	36 800	36 800									
合计													

保管员 周之礼　　　　送货单位负责人　　　　送货人 任成城

第二联　会计存

7－2－2

自制半成品入库单

送货单位：二车间　　　　　2019年12月1日　　　　　第120201号

品名	规格	单位	原送数量	实收数量	单价	金额 十万千百十元角分
散老陈醋		升	49 000	49 000		
合计						

保管员　姚远　　　　送货单位负责人　　　　送货人　魏唐

第二联　会计存

8－3－1

山西增值税专用发票

发票联　　　　　　　　　　　　　　No 00434751

开票日期：2019年12月2日

购买方	名　　称：益珍源醋业有限公司 纳税人识别号：1401081398 地址、电话：太原市龙城大街626号　0351-7686688 开户行及账号：中国工商银行太原小店支行　0502121609	密码区	（略）

货物或应税劳务、服务名称	规格型号	单位	数量	单价	金额	税率	税额
*印刷品*老陈醋商标		套	430 000	0.20	86 000.00	13%	11 180.00
*印刷品*八珍醋商标		套	6 000	0.30	1 800.00	13%	234.00
合计					￥87 800.00		￥11 414.00

价税合计（大写）	⊗玖万玖仟贰佰壹拾肆元整	（小写）￥99 214.00

销售方	名　　称：皓宇印务有限公司 纳税人识别号：1401097064 地址、电话：太原市建设路278号　0351-4637378 开户行及账号：太原工行建设路支行　1323554356	备注	

收款人　柳娟　　　复核　陈琳　　　开票人　韩琳琳　　　销售方　（章）

第三联　发票联　购买方记账凭证

8-3-2

发票号码：No 00434751

供货单位：皓宇印务有限公司

收 料 单

2019 年 12 月 2 日

收料单号：021201

收料仓库：2号库

材料类别	名称及规格	单位	应收数量	实收数量	单价	金额
包装材料 （老陈醋500ml×12瓶/箱）	商标	个	430 000	430 000	0.20	86 000
包装材料 （八珍醋500ml×2×3瓶/箱）	商标	个	6 000	6 000	0.30	1 800

记账　　　　　　　　　　　验收　牛广元　　　　　　　　制单　张娟

8-3-3

中国工商银行
转账支票存根(晋)
ⅩⅣ00000000

附加信息 _____
_____

出票日期 2019 年 12 月 2 日

收款人：皓宇印务有限公司

金　额：99 214.00

用　途：印刷费

单位主管　　　会计

9-4-1

山西增值税专用发票

记账联　　　　　　　　　　　　　　　　　No 00325215

开票日期：2019 年 12 月 2 日

购买方	名　　称：秦皇岛海景湾食品批发公司 纳税人识别号：13030272 地址、电话：秦皇岛燕山大街3号　0335-3062345 开户行及账号：中国银行秦皇岛燕大支行　05021552264	密码区	（略）

货物或应税劳务、服务名称	规格型号	单位	数量	单价	金额	税率	税额
*调味品*老陈醋	500ml×12瓶/箱	箱	2 000	72.00	144 000.00	13%	18 720.00
合计					￥144 000.00		￥18 720.00

价税合计（大写）	⊗壹拾陆万贰仟柒佰贰拾元整　　（小写）￥162 720.00

销售方	名　　称：益珍源醋业有限公司 纳税人识别号：1401081398 地址、电话：太原市龙城大街626号　0351-7686688 开户行及账号：中国工商银行太原小店支行　0502121609	备注	

收款人　张静文　　　复核　杨芸　　　开票人　夏子兰　　　销售方（章）

9-4-2

出　库　单

发给：秦皇岛海景湾食品批发公司　　　2019 年 12 月 2 日　　　第 1912002 号

品名	单位	数量	单价	金额							用途或原因
				十万	万	千	百	十	元	角	分	
老陈醋 500ml×12瓶/箱	箱	2 000										销售

主管　　　　　　　会计　　　　　　　保管员　姜波　　　　　　　经手人　王海涛

9－4－3

```
中国工商银行
转账支票存根(晋)
ⅩⅣ00000000
附加信息 _____
_____
_____

出票日期 2019 年 12 月 2 日
收款人：晋通运输公司
金　额：5 600.00
用　途：代垫运费

单位主管　　会计
```

9－4－4

中国工商银行　　网上银行电子回单

电子回单号码：

付款人	户名	秦皇岛海景湾食品批发公司	收款人	户名	益珍源醋业有限公司
	账号	05021552264		账号	0502121609
	开户银行	中国银行秦皇岛燕大支行		开户银行	中国工商银行太原小店支行
	金额	人民币（大写）：壹拾陆万捌仟叁佰贰拾元整　　　￥ 168 320.00 元			
	摘要	销货款		业务（产品）种类	转账
	用途	收货款			
交易流水号		00023045		时间戳	2019-12-2
	备注：缴款人：　　券别：　　张数：　　券别：　　张数：　　券别：　　张数：　　券别：　　张数：				
	验证码：				
记账网点	36069	记账柜员	0015	记账日期	2019.12.2

10

```
中国工商银行
转账支票存根(晋)
ⅩⅣ00000000
附加信息 _____
_____
_____

出票日期 2019 年 12 月 2 日
收款人：益珍源醋业有限公司
金    额：10 000.00
用    途：备用金
单位主管        会计
```

11

借 款 单

2019年12月2日　　　　　　　　　　　　　　　　第 1201 号

单位或姓名	张志远
借款事由	差旅费
今收到人民币(大写) 伍仟元整　　　　　　￥5 000.00	
附注	

核准：李炜　　　会计：李远超　　　出纳：孟菲　　　借款人：张志远

12－2－1

领 料 单

领料单位：三车间　　　　　2019 年 12 月 2 日　　　　　　第 020301 号

编号	品名	规格	单位	请领数量	实发数量	单价	金额	备注
	玻璃瓶		套	57 240	57 240			
	商标		套	57 240	57 240			
	纸箱		个	4 770	4 770			
领料用途	生产老陈醋500ml×12瓶/箱					合计		

供应部门负责人　　　发料　　　领料 杨辰曦　　　制单 王丽华　　　领料部门负责人

第三联　会计凭证

12－2－2

领 料 单

领料单位：三车间　　　　　2019年12月2日　　　　　　　第 020302 号

编号	品名	规格	单位	请领数量	实发数量	单价	金额	备注
	2.4L塑料桶		套	8 340	8 340			
	纸箱		个	1 390	1 390			
领料用途	生产老陈醋 2.4L×6桶/箱					合计		

供应部门负责人　　　　发料　　　　领料 杨辰曦　　　　制单 王丽华　　　　领料部门负责人

第三联　会计凭证

13

自制半成品出库单

发给：三车间　　　　　2019年12月2日　　　　　　　第 021201 号

品名	单位	数量	单价	金额								用途或原因
				十	万	千	百	十	元	角	分	
散老陈醋	升	14 280										生产老陈醋 500ml×12瓶/箱
散老陈醋	升	10 080										生产老陈醋 2.4L×6瓶/箱

主管　　　　　　　会计　　　　　　　保管员 姚远　　　　　　　经手人 余鑫

14-3-1

山西增值税专用发票

发票联　　　　　　　　　　　　　　　　　　No 0035523

开票日期：2019 年 12 月 3 日

购买方	名　称：益珍源醋业有限公司 纳税人识别号：1401081398 地址、电话：太原市龙城大街 626 号　0351-7686688 开户行及账号：中国工商银行太原小店支行　0502121609	密码区	（略）

货物或应税劳务、服务名称	规格型号	单位	数量	单价	金额	税率	税额
*非金属矿物制品*玻璃瓶		个	200 000	0.70	140 000.00	13%	18 200.00
合计					¥140 000.00		¥18 200.00

价税合计（大写）	⊗壹拾伍万捌仟贰佰元整	（小写）¥158 200.00

销售方	名　称：琳琅玻璃制品有限公司 纳税人识别号：1401065472 地址、电话：祁县大众路 38 号　0351-6577378 开户行及账号：中国银行祁县支行　0392020502	备注	

收款人　姚瑶　　　复核　乔欣　　　开票人　牛利民　　　销售方　（章）

14-3-2

银 行 承 兑 汇 票（存根）

出票日期（大写）：贰零壹玖年壹拾贰月零叁日　　汇票号码 20191201

出票人全称	益珍源醋业有限公司	收款人	全　称	琳琅玻璃制品有限公司
出票人账号	0502121609		账　号	0392020502
付款行全称	中国工商银行太原小店支行		开户行	中国银行祁县支行

出票金额	人民币（大写）：壹拾伍万捌仟贰佰元整	千百十万千百十元角分 ¥ 1 5 8 2 0 0 0 0

汇票到期日	贰零壹玖年壹拾贰月零叁日	承兑协议编号	

14-3-3

发票号码：№ 0035523
供货单位：琳琅玻璃制品有限公司

收 料 单

2019 年 12 月 3 日

收料单号：021202
收料仓库：2 号库

材料类别	名称及规格	单位	应收数量	实收数量	单价	金额
包装材料（老陈醋500ml×12瓶/箱）	玻璃瓶	个	200 000	200 000	0.70	140 000

记账　　　　　　　　　　验收　牛广元　　　　　　　　　　制单　张娟

15

中国工商银行　**进账单**　（收账通知）　3

2019 年 12 月 3 日

收款人	全　称	益珍源醋业有限公司	付款人	全　称	龙城机场服务部
	账　号	0502121609		账　号	05202145981
	开户银行	中国工商银行太原小店支行		开户银行	中国工商银太原小店支行
金额	人民币（大写）：叁万捌仟陆佰贰拾捌元整			亿千百十万千百十元角分　　　¥ 3 8 6 2 8 0 0	
票据种类	转账支票				
				开户银行盖章	

16－2－1

山西增值税专用发票

记账联

No 00325216

开票日期：2019年12月3日

购买方	名　　　　称：龙城机场服务部 纳税人识别号：140114653 地　址、电　话：山西省太原市太榆路23号　0351－7895356 开户行及账号：中国工商银太原小店支行　05202145981				密码区	（略）	
货物或应税劳务、服务名称	规格型号	单位	数量	单价	金额	税率	税额
＊调味品＊老陈醋	500ml×12瓶/箱	箱	100	72.00	7 200.00	13%	936.00
＊调味品＊老陈醋	2.4L×6桶/箱	箱	60	150.00	9 000.00	13%	1 170.00
合计					¥16 200.00		¥2 106.00
价税合计（大写）	⊗壹万捌仟叁佰零陆元整				（小写）　¥18 306.00		
销售方	名　　　　称：益珍源醋业有限公司 纳税人识别号：1401081398 地　址、电　话：太原市龙城大街626号　0351－7686688 开户行及账号：中国工商银行太原小店支行　0502121609				备注		

收款人　张静文　　　复核　杨芸　　　开票人　夏子兰　　　销售方　（章）

16－2－2

出 库 单

发给：龙城机场服务部　　2019年12月3日　　第1912003号

品名	单位	数量	单价	金额							用途或原因
				十万	万	千	百	十	元	角	分	
老陈醋500ml×12瓶/箱	箱	100										销售
老陈醋2.4L×6桶/箱	箱	60										

主管　　　　会计　　　　保管员　姜波　　　经手人　王海涛

17-2-1

山西增值税专用发票

发票联　　　　　　　　　　　　　　　　　No 00455347

开票日期：2019 年 12 月 3 日

购买方	名　　称：益珍源醋业有限公司 纳税人识别号：1401081398 地址、电话：太原市龙城大街 626 号　0351-7686688 开户行及账号：中国工商银行太原小店支行　0502121609	密码区	（略）

货物或应税劳务、服务名称	规格型号	单位	数量	单价	金额	税率	税额
*广告服务*广告发布费					500 000.00	6%	30 000.00
合计					￥500 000.00		￥30 000.00

价税合计（大写）	⊗伍拾叁万元整	（小写）￥530 000.00

销售方	名　　称：龙城电视台广告服务部 纳税人识别号：1401097064 地址、电话：太原市新路 278 号　0351-4637396 开户行及账号：交通银行太原建设路支行　0212160905	备注	

收款人　王凤　　复核　陆飞　　开票人　马媛　　销售方　（章）

（第三联　发票联　购买方记账凭证）

17-2-2

中国工商银行
转账支票存根(晋)
ⅩⅣ00000000

附加信息
_____
_____

出票日期 2019 年 12 月 3 日

收款人：龙城电视台广告部
金　额：530 000.00
用　途：广告费

单位主管　　会计

18－3－1

自制半成品 入 库 单

送货单位：一车间　　　　2019 年 12 月 3 日　　　　第 120102 号

品名	规格	单位	原送数量	实收数量	单价	金额 十万千百十元角分
散醋		升	36 720	36 720		
合计						

保管员　周之礼　　　　送货单位负责人　　　　送货人　任成城

第二联 会计存

18－3－2

产成品 入 库 单

送货单位：三车间　　　　2019 年 12 月 3 日　　　　第 10301 号

品名	规格	单位	原送数量	实收数量	单价	金额 十万千百十元角分
老陈醋	500ml×12瓶/箱	箱	2 380	2 380		
合计						

保管员　潘高峰　　　　送货单位负责人　　　　送货人　余鑫

第二联 会计存

18－3－3

产成品 入 库 单

送货单位：三车间　　　　2019 年 12 月 3 日　　　　第 20301 号

品名	规格	单位	原送数量	实收数量	单价	金额 十万千百十元角分
老陈醋	2.4L×6桶/箱	箱	700	700		
合计						

保管员　潘高峰　　　　送货单位负责人　　　　送货人　余鑫

第二联 会计存

19－3－1

山西增值税专用发票

发票联　　　　　　　　　　　　　　　　　No 0032386

开票日期：2019 年 12 月 4 日

购买方	名　称：益珍源醋业有限公司 纳税人识别号：1401081398 地址、电话：太原市龙城大街 626 号　0351－7686688 开户行及账号：中国工商银行太原小店支行　0502121609	密码区	（略）

货物或应税劳务、服务名称	规格型号	单位	数量	单价	金额	税率	税额
*塑料制品*塑料桶	2.4L	个	31 000	2.60	80 600.00	13%	10 478.00
合计					¥80 600.00		¥10 478.00

价税合计（大写）	⊗玖万壹仟零柒拾捌元整	（小写）¥91 078.00

销售方	名　称：博信塑料制品有限公司 纳税人识别号：1401093471 地址、电话：太原市并州路 278　0351－4368378 开户行及账号：中国农业银行太原并州路支行　0902122563	备注	

收款人　吴凡　　复核　傅莹莹　　开票人　程璐璐　　销售方（章）

19－3－2

中国工商银行　　网上银行电子回单

电子回单号码：

付款人	户名	益珍源醋业有限公司	收款人	户名	博信塑料制品有限公司
	账号	0502121609		账号	8083097534
	开户银行	中国工商银行太原小店支行		开户银行	中国农业银行太原并州路支行
	金额	人民币（大写）：玖万壹仟零柒拾捌元整			¥91 078.00
	摘要	购包装物		业务（产品）种类	转账
	用途	材料款			
交易流水号		00023023		时间戳	2019-12-4
	备注： 缴款人：　　券别：　　张数：　　券别：　　张数： 　　　　　　券别：　　张数：　　券别：　　张数：				
	验证码：				
记账网点	36069	记账柜员	0016	记账日期	2019.12.4

打印日期：2019 年 12 月 20 日

19－3－3

收 料 单

发票号码：　　　　　　　　　　　　　　　　　　　　　收料单号：021203

供货单位：博信塑料制品有限公司　　2019年12月4日　　收料仓库：2号库

材料类别	名称及规格	单位	应收数量	实收数量	单价	金额
包装材料 （老陈醋2.4L×6桶/箱）	2.4L塑料桶	个	31 000	31 000	2.60	80 600

记账　　　　　　　　　验收　牛广元　　　　　　　　制单　张娟

20－2－1

山西增值税专用发票

记 账 联　　　　　　　　　　　　　　　　　　　　　　No 00325217

开票日期：2019年12月4日

购买方	名　　　称：忻州金茂有限公司 纳税人识别号：142203562 地　址、电话：忻州市长征路23号　03 开户行及账号：中国工商银行忻州长征路支行　021552545	密码区	（略）

货物或应税劳务、服务名称	规格型号	单位	数量	单价	金额	税率	税　额
*调味品*老陈醋	500ml×12瓶/箱	箱	300	72.00	21 600.00	13%	2 808.00
*调味品*老陈醋	2.4L×6桶/箱	箱	200	150.00	30 000.00	13%	3 900.00
合计					￥51 600.00		￥6 708.00

价税合计（大写）	⊗伍万捌仟叁佰零捌元整　　　　　　　　（小写）￥58 308.00

销售方	名　　　称：益珍源醋业有限公司 纳税人识别号：1401081398 地　址、电话：太原市龙城大街626号　0351－7686688 开户行及账号：中国工商银行太原小店支行　0502121609	备注	

收款人　张静文　　　　复核　杨芸　　　　开票人　夏子兰　　　　销售方　（章）

20－2－2

出 库 单

发给：忻州金茂有限公司　　　2019 年 12 月 4 日　　　第 1912004 号

品名	单位	数量	单价	金额								用途或原因
				十万	万	千	百	十	元	角	分	
老陈醋 500ml×12瓶/箱	箱	300										销售
老陈醋 2.4L×6桶/箱	箱	200										

主管　　　　　　会计　　　　　　保管员 姜波　　　　经手人 王海涛

21－2－1

山西省税务局通用机打发票

发票联

开票日期：2019 年 12 月 4 日　　　　　　　行业分类：批发与零售业

机打代码				
机打号码				
付款单位名称	益珍源醋业有限公司			
付款单位代码	1401081398			
货物或应税劳务、服务名称	规格型号	单位	单价	数量	金额
锅炉软水盐		公斤	0.50	1 000	￥500.00
大写合计	伍佰元整	合计	￥500.00	
收款单位名称（章）	新盛锅炉配件用品商店	纳税人识别号	1401034572	
备注				

第一联 发票联（购货单位付款凭证）（手开无效）

21－2－2

```
中国工商银行
转账支票存根(晋)
ⅩⅣ00000000
附加信息_____
_____
_____
出票日期 2019 年 12 月 4 日
收款人：新盛锅炉配件用品商店
金　额：500.00
用　途：购料款
单位主管　　会计
```

22－2－1

自制半成品 出 库 单

发给：二车间　　　　2019 年 12 月 4 日　　　　第 011201 号

品名	单位	数量	单价	金额 十	万	千	百	十	元	角	分	用途或原因
散醋	升	73 500										生产散老陈醋

主管　　　　　会计　　　　保管员 周之礼　　经手人 张晓林

22－2－2

自制半成品 出 库 单

发给：三车间　　　　2019 年 12 月 4 日　　　　第 021202 号

品名	单位	数量	单价	金额 十	万	千	百	十	元	角	分	用途或原因
散老陈醋	升	14 340										生产老陈醋 500ml×12瓶/箱
散老陈醋	升	9 936										生产老陈醋 2.4L×6桶/箱

主管　　　　　会计　　　　保管员 姚远　　经手人 余鑫

23

中国工商银行　进账单　（收账通知）　3

2019 年 12 月 4 日

收款人	全　称	益珍源醋业有限公司	付款人	全　称	一百利连锁超市总店
	账　号	0502121609		账　号	03021556356
	开户银行	中国工商银行太原小店支行		开户银行	中国工商银行太原新建路支行

金额	人民币（大写）：壹拾叁万捌仟贰佰玖拾肆元整	亿 千 百 十 万 千 百 十 元 角 分
		￥　　 1 3 8 2 9 4 0 0

票据种类	转账支票	
		开户银行盖章

24

中国工商银行　信汇凭证　（回单）　1

委托日期：2019年12月5日

汇款人	全　称	益珍源醋业有限公司	收款人	全　称	裕丰农副产品贸易中心
	账　号	0502121609		账　号	0308334365
	汇出地点	山西省太原市小店区		汇入地点	陕西省韩城市
	汇出行名称	中国工商银行太原小店支行		汇入行名称	中国农业银行韩城支行

金额	人民币（大写）：壹拾捌万伍仟伍佰伍拾元整	亿 千 百 十 万 千 百 十 元 角 分
		￥　 1 8 5 5 5 0 0 0

支付密码

附加信息及用途：
预付材料款

汇出行签章

复核　张明　　　记账　吴欢

此联汇出行给汇款人的回单

25－3－1

山西增值税专用发票

发票联　　　　　　　　　　　　　　　　　　　　　No 003238

开票日期：2019 年 12 月 5 日

购买方	名　　称：益珍源醋业有限公司 纳税人识别号：1401081398 地　址、电话：太原市龙城大街 626 号　0351－7686688 开户行及账号：中国工商银行太原小店支行　0502121609	密码区	（略）

货物或应税劳务、服务名称	规格型号	单位	数量	单价	金额	税率	税额
*食品添加剂*大曲		公斤	15 000	3.90	58 500.00	13%	7 605.00
合计					￥58 500.00		￥7 605.00

价税合计（大写）	⊗陆万陆仟壹佰零伍元整	（小写）￥66 105.00

销售方	名　　称：久源生物工程有限公司 纳税人识别号：1401096543 地　址、电话：太原市长治路 29 号　0351－7235378 开户行及账号：招商银行太原高新区支行　0602126482	备注	

收款人　刘玲　　　复核　秦俊　　　开票人　程远东　　　销售方　（章）

25－3－2

收料单

发票号码：No 003238　　　　　　　　　　　　　　　　　　收料单号：011202

供货单位：久源生物工程有限公司　　2019 年 12 月 5 日　　收料仓库：1 号库

材料类别	名称及规格	单位	应收数量	实收数量	单价	金额
原料及主要材料	大曲	公斤	15 000	15 000	3.90	58 500

记账　　　　　　　验收　谢德恩　　　　　　制单　张丽

25-3-3

中国工商银行

转账支票存根(晋)

ⅩⅣ00000000

附加信息 _____

出票日期 2019 年 12 月 5 日

收款人：久源生物工程有限公司
金　额： 66 105.00
用　途：购料款

单位主管　　会计

26-2-1

山西增值税普通发票

现金收讫

记 账 联　　　　　　　　　　　　No 00325217

开票日期：2019 年 12 月 5 日

购买方	名　　称：刘东海 纳税人识别号：1401086374 地　址、电话：北大街 326 号　13935186788 开户行及账号：				密码区	（略）	
货物或应税劳务、服务名称	规格型号	单位	数量	单价	金额	税率	税额
*调味品*老陈醋	500ml×12 瓶/箱	箱	100	72.00	7 200.00	13%	936.00
合计					￥7 200.00		￥936.00
价税合计（大写）	⊗捌仟壹佰叁拾陆元整				（小写）￥8 136.00		
销售方	名　　称：益珍源醋业有限公司 纳税人识别号：1401081398 地　址、电话：太原市龙城大街 626 号　0351-7686688 开户行及账号：中国工商银行太原小店支行　0502121609				备注		

收款人　张静文　　　复核　杨芸　　　开票人　夏子兰　　　销售方　（章）

26－2－2

出 库 单

发给：刘东海　　　　　　2019 年 12 月 5 日　　　　　　第 1912005 号

品名	单位	数量	单价	金额								用途或原因
				十	万	千	百	十	元	角	分	
老陈醋 500ml×12 瓶/箱	箱	100										销售

主管　　　　　会计　　　　　保管员 姜波　　　　　经手人 王海涛

27

券种明细

券种	金额
壹佰元	8 000
伍拾元	100
拾元	30
伍元	
贰元	
壹元	6
伍角	
贰角	
壹角	
伍分	
贰分	
壹分	
合计	

中国工商银行

现金缴款单

缴款日期：2019 年 12 月 5 日

	本次交款情况记录	
	多款	已退回
	少款	已补收

交款单位	全称	益珍源醋业有限公司	账号	0502121609
	开户银行	中国工商银行太原小店支行	款项来源	销货款

人民币（大写）：捌仟壹佰叁拾陆元整	百	十	万	千	百	十	元	角	分
			¥	8	1	3	6	0	0

现金收讫	盖章	出纳复核员　出纳收款员 会计复核员　记 账 员

第二联　银行盖印后退回交款单位

28－2－1

山西增值税专用发票

发票联　　　　　　　　　　　　　　　　　No 00323623

开票日期：2019 年 12 月 5 日

购买方	名　称：益珍源醋业有限公司 纳税人识别号：1401081398 地址、电话：太原市龙城大街 626 号　0351－7686688 开户行及账号：中国工商银行太原小店支行　0502121609	密码区	（略）

货物或应税劳务、服务名称	规格型号	单位	数量	单价	金额	税率	税额
*燃气*煤气		立方米	12 050	0.90	10 845.00	9%	976.05
合计					¥10 845.00		¥976.05

价税合计（大写）	⊗壹万壹仟捌佰贰拾壹元零伍分　　（小写）¥11 821.05

销售方	名　称：太原市煤气公司 纳税人识别号：14010372 地址、电话：太原市和平路 129 号　0351－6738378 开户行及账号：中国工商银行太原和平路支行　05021212584	备注	

收款人　刘帅　　　复核　陈琳　　　开票人　程佳　　　销售方　（章）

28－2－2

中国工商银行　网上银行电子回单

电子回单号码：

付款人	户名	益珍源醋业有限公司	收款人	户名	太原市煤气公司
	账号	0502121609		账号	05021212584
	开户银行	中国工商银行太原小店支行		开户银行	中国工商银行太原和平路支行
	金额	人民币（大写）：壹万壹仟捌佰贰拾壹元零伍分　　（小写）¥11 821.05			
	摘要	支付煤气费	业务（产品）种类		转账
	用途	燃料款				
交易流水号	0002310		时间戳		2019-12-5

	备注：				
	缴款人：	券别：	张数：	券别：	张数：
		券别：	张数：	券别：	张数：
	验证码：				
记账网点	36069	记账柜员	0014	记账日期	2019.12.5

29-2-1

领 料 单

领料单位：一车间（制醋车间）　　2019年12月5日　　第 010103 号

编号	品名	规格	单位	请领数量	实发数量	单价	金额	备注
	高粱		公斤	14 700	14 700			
	大曲		公斤	5 480	5 480			
	麸皮		公斤	14 640	14 640			
	谷糠		公斤	14 640	14 640			
领料用途	生产散醋					合计		

供应部门负责人　　发料　　领料 姜建伟　　制单 李旭光　　领料部门负责人

第三联　会计凭证

29-2-2

领 料 单

领料单位：一车间（制醋车间）　　2019年12月5日　　第 010104 号

编号	品名	规格	单位	请领数量	实发数量	单价	金额	备注
	食盐		公斤	1 430	1 430			
领料用途	生产散醋					合计		

供应部门负责人　　发料　　领料 姜建伟　　制单 李旭光　　领料部门负责人

第三联　会计凭证

30-4-1

自制半成品入库单

送货单位：一车间　　2019年12月5日　　第 120103 号

品名	规格	单位	原送数量	实收数量	单价	金额 十	万	千	百	十	元	角	分
散醋		升	36 700	36 700									
合计													

保管员 周之礼　　送货单位负责人　　送货人 任成城

第二联　会计存

30－4－2

自制半成品 入 库 单

送货单位：二车间　　　　　2019 年 12 月 5 日　　　　　第 120202 号

品名	规格	单位	原送数量	实收数量	单价	金额 十	万	千	百	十	元	角	分
散老陈醋		升	49 500	49 500									
合计													

保管员　姚远　　　　送货单位负责人　　　　送货人　魏唐

第二联　会计存

30－4－3

产 成 品 入 库 单

送货单位：三车间　　　　　2019 年 12 月 5 日　　　　　第 10302 号

品名	规格	单位	原送数量	实收数量	单价	金额 十	万	千	百	十	元	角	分
老陈醋	500ml×12瓶/箱	箱	2 390	2 390									
合计													

保管员　潘高峰　　　　送货单位负责人　　　　送货人　余鑫

第二联　会计存

30－4－4

产 成 品 入 库 单

送货单位：三车间　　　　　2019 年 12 月 5 日　　　　　第 20302 号

品名	规格	单位	原送数量	实收数量	单价	金额 十	万	千	百	十	元	角	分
老陈醋	2.4L×6桶/箱	箱	690	690									
合计													

保管员　潘高峰　　　　送货单位负责人　　　　送货人　余鑫

第二联　会计存

31－4－1

山西增值税专用发票

发票联

No 00455256

开票日期：2019 年 12 月 6 日

购买方	名　　　称：益珍源醋业有限公司 纳税人识别号：1401081398 地址、电话：太原市龙城大街 626 号　0351－7686688 开户行及账号：中国工商银行太原小店支行　0502121609	密码区	（略）

货物或应税劳务、服务名称	规格型号	单位	数量	单价	金额	税率	税额
*纸制品*纸箱 （老陈醋 500ml）		个	18 000	2.20	39 600.00	13%	5 148.00
*纸制品*纸箱 （老陈醋 2.4L）		个	6 000	2.40	14 400.00	13%	1 872.00
*纸制品*纸箱 （八珍醋）		个	1 000	3.60	3 600.00	13%	468.00
*纸制品*纸箱 （口服液）		个	700	3.60	2 520.00	13%	327.60
*纸制品*纸盒 （八珍醋）		个	3 000	1.50	4 500.00	13%	585.00
*纸制品*纸盒 （口服液）		个	8 400	1.85	15 540.00	13%	2 020.20
*塑料制品*手提袋 （口服液）		个	1 400	3.30	4 620.00	13%	600.60
合计					￥84 780.00		￥11 021.40

价税合计（大写）	⊗玖万伍仟捌佰零壹元肆角整　　　（小写）￥95 801.40

销售方	名　　　称：凯祥彩色包装有限公司 纳税人识别号：1401098976 地址、电话：榆次市八一路 28 号　0354－7337378 开户行及账号：中国工商银行榆次八一路支行　6222020502	备注	

收款人　魏群　　　复核　范建丽　　　开票人　吴涵　　　销售方　（章）

31－4－2

收　料　单

发票号码：No 00455256　　　　　　　　　　　　　　　　　　收料单号：021204

供货单位：凯祥彩色包装有限公司　　2019 年 12 月 6 日　　收料仓库：2 号库

材料类别	名称及规格	单位	应收数量	实收数量	单价	金额
包装材料 （老陈醋500ml×12瓶/箱）	纸箱	个	18 000	18 000	2.20	39 600
包装材料 （老陈醋2.4L×6桶/箱）	纸箱	个	6 000	6 000	2.40	14 400

记账　　　　　　　验收　牛广元　　　　　　制单　张娟

31－4－3

发票号码：No 00455256

收 料 单

收料单号：021205

供货单位：凯祥彩色包装有限公司　　2019年12月6日　　　　　　　收料仓库：2号库

材料类别	名称及规格	单位	应收数量	实收数量	单价	金额
包装材料（八珍醋）	纸箱	个	1 000	1 000	3.60	3 600
包装材料（保健醋口服液）	纸箱	个	700	700	3.60	2 520

记账　　　　　　　　验收　牛广元　　　　　　　制单　张娟

31－4－4

发票号码：No 00455256

收 料 单

收料单号：021206

供货单位：凯祥彩色包装有限公司　　2019年12月6日　　　　　　　收料仓库：2号库

材料类别	名称及规格	单位	应收数量	实收数量	单价	金额
包装材料（八珍醋）	纸盒	个	3 000	3 000	1.50	4 500
包装材料（保健醋口服液）	纸盒	个	8 400	8 400	1.85	15 540
包装材料（保健醋口服液）	手提袋	个	1 400	1 400	3.30	4 620

记账　　　　　　　　验收　牛广元　　　　　　　制单　张娟

32－3－1

山西增值税专用发票

记 账 联

No 00325218

开票日期：2019年12月6日

购买方	名　　　称：保定泰和食品批发公司 纳税人识别号：132435195 地　址、电话：保定市七一西13号　0312－6573821 开户行及账号：中国工商银行保定丽景支行　02021552345	密码区	（略）

货物或应税劳务、服务名称	规格型号	单位	数量	单价	金额	税率	税额
*调味品*老陈醋	500ml×12瓶/箱	箱	3 500	72.00	252 000.00	13%	32 760.00
*调味品*老陈醋	2.4L×6桶/箱	箱	1 000	150.00	150 000.00	13%	19 500.00
合计					￥402 000.00		￥52 260.00
价税合计（大写）	⊗肆拾伍万肆仟贰佰陆拾元整				（小写）￥454 260.00		

销售方	名　　　称：益珍源醋业有限公司 纳税人识别号：1401081398 地　址、电话：太原市龙城大街626号　0351－7686688 开户行及账号：中国工商银行太原小店支行　0502121609	备注	

收款人　张静文　　　复核　杨芸　　　开票人　夏子兰　　　销售方　（章）

32－3－2

出 库 单

发给：保定泰和食品批发公司　　　　2019年12月6日　　　　　第1912006号

品名	单位	数量	单价	金额									用途或原因
				十	万	千	百	十	元	角	分	
老陈醋500ml×12瓶/箱	箱	3 500										销售
老陈醋2.4L×6桶/箱	箱	1 000										

主管　　　　　　　　　会计　　　　　　　　　保管员　姜波　　　　经手人　王海

32－3－3

中国工商银行　信汇凭证　（收账通知）　4

委托日期：2019年12月6日

汇款人	全称	保定泰和食品批发公司	收款人	全称	益珍源醋业有限公司
	账号	02021552345		账号	0502121609
	汇出地点	河北省保定市/县		汇入地点	山西省太原市/县
	汇出行名称	中国工商银行保定丽景支行		汇入行名称	中国工商银行太原小店支行
金额	人民币（大写）：肆拾伍万肆仟贰佰陆拾元整			亿千百十万千百十元角分 ¥ 4 5 4 2 6 0 0 0	

支付密码

附加信息及用途：

汇出行签章　　　　　　　　　　　　　　复核　　记账

此联给收款人的收账通知

33－3－1

山西省税务局通用机打发票
发票联

开票日期：2019 年 12 月 6 日　　　　　　　　　　行业分类：批发及零售业

机打代码					
机打号码					
付款单位名称	益珍源醋业有限公司				
付款单位代码	1401081398				
货物或应税劳务、服务名称	规格型号	单位	单价	数量	金额
A4 复印纸		包	18.00	20	360.00
碳素笔		盒	9.00	15	135.00
U 盘		个	30.00	5	150.00
大写合计	陆佰肆拾伍元整	合计			645.00
收款单位名称（章）	文星办公用品服务部	纳税人识别号		1401045654	
备注					

　　　　　　收款人　张文　　　　开票人　夏兰

第一联 发票联（购货单位付款凭证）（手开无效）

33－3－2

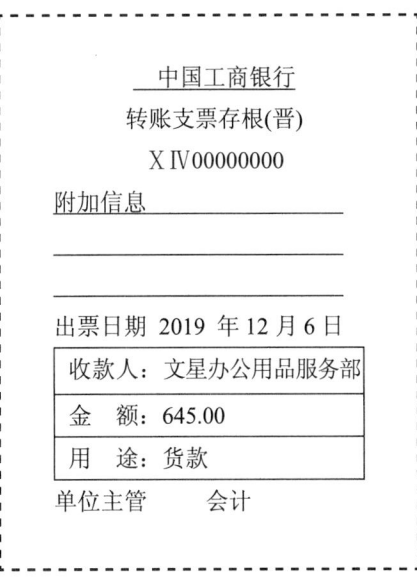

中国工商银行

转账支票存根(晋)

ⅩⅣ00000000

附加信息 _____

_____

_____

出票日期 2019 年 12 月 6 日

收款人：文星办公用品服务部
金　额：645.00
用　途：货款

单位主管　　会计

33-3-3

办公用品领用登记表

2019 年 12 月

日期	领用单位	办公用品名称	数量	单位	单价	金额	签字
6	公司办公室	A4 复印纸	5	包	18	90	杨咏雪
		碳素笔	3	盒	9	27	杨咏雪
		U 盘	2	个	30	60	杨咏雪
6	职能部门	A4 复印纸	7	包	18	126	祝晋丽
		碳素笔	5	盒	9	45	祝晋丽
		U 盘	3	个	30	90	祝晋丽
6	一车间	A4 复印纸	3	包	18	54	于海琴
		碳素笔	2	盒	9	18	于海琴
6	二车间	A4 复印纸	1	包	18	18	茹仪
		碳素笔	1	盒	9	9	茹仪
6	三车间	A4 复印纸	2	包	18	36	曲凯旋
		碳素笔	2	盒	9	18	曲凯旋
6	四车间	A4 复印纸	2	包	18	36	唐明华
		碳素笔	2	盒	9	18	唐明华
	合计					645	

34-2-1

领 料 单

领料单位：三车间　　2019 年 12 月 6 日　　第 020303 号

编号	品名	规格	单位	请领数量	实发数量	单价	金额	备注
	玻璃瓶		套	56 520	56 520			
	商标		套	56 520	56 520			
	纸箱		个	4 710	4 710			
领料用途	生产老陈醋 500ml×12瓶/箱					合计		

供应部门负责人　　发料　　领料 杨辰曦　　制单 王丽华　　领料部门负责人

第三联　会计凭证

34-2-2

领 料 单

领料单位：三车间　　　　2019年12月6日　　　　第020304号

编号	品名	规格	单位	请领数量	实发数量	单价	金额	备注
	2.4L塑料桶		套	8 340	8 340			
	纸箱		个	1 390	1 390			
领料用途	生产老陈醋 2.4L×6桶/箱					合计		

供应部门负责人　　　发料　　　领料 杨辰曦　　　制单 王丽华　　　领料部门负责人

第三联　会计凭证

35-2-1

自制半成品 出 库 单

发给：三车间　　　　2019 年 12 月 6 日　　　　第021203号

品名	单位	数量	单价	金额								用途或原因
				十	万	千	百	十	元	角	分	
散老陈醋	升	14 100										生产老陈醋 500ml×12瓶/箱
散老陈醋	升	9 792										生产老陈醋 2.4L×6桶/箱

主管　　　　　　会计　　　　　　保管员 姚远　　　　　　经手人 方秀敏

35-2-2

自制半成品 出 库 单

单位：四车间　　　　2019 年 12 月 6 日　　　　第021204号

品名	单位	数量	单价	金额								用途或原因
				十	万	千	百	十	元	角	分	
散老陈醋	升	1 050										生产八珍醋
散老陈醋	升	360										生产口服液

主管　　　　　　会计　　　　　　保管员 姚远　　　　　　经手人 方秀敏

36-4-1

山西增值税专用发票

发票联　　　　　　　　　　　　　　　　　　　No 00455472

开票日期：2019 年 12 月 7 日

购买方	名　　称：益珍源醋业有限公司 纳税人识别号：1401081398 地　址、电话：太原市龙城大街 626 号　0351-7686688 开户行及账号：中国工商银行太原小店支行　0502121609	密码区	（略）

货物或应税劳务、服务名称	规格型号	单位	数量	单价	金额	税率	税额
*中草药材*人参		公斤	2	950.00	1 900.00	9%	171.00
*中草药材*黄芪		公斤	12	55.00	660.00	9%	59.40
*中草药材*当归		公斤	15	110.00	1 650.00	9%	148.50
*中草药材*沙参		公斤	15	60.00	900.00	9%	81.00
*中草药材*甘草		公斤	18	35.00	630.00	9%	56.70
*中草药材*白术		公斤	18	53.00	954.00	9%	85.86
*中草药材*熟地		公斤	6	31.00	186.00	9%	16.74
*中草药材*红花		公斤	9	160.00	1 440.00	9%	129.60
合计					¥ 8 320.00		¥ 748.80

价税合计（大写）	⊗玖仟零陆拾捌元捌角整	（小写）¥ 9 068.80

销售方	名　　称：龙城中药材批发市场 纳税人识别号：1401096438 地　址、电话：太原市双塔东路 238 号　0351-3537378 开户行及账号：中国农业银行太原双塔支行　0230507854	备注	

收款人　杨霖　　　复核　何文　　　开票人　冯菲　　　销售方　（章）

第三联　发票联　购买方记账凭证

36-4-2

收 料 单

发票号码：No 00455472　　　　　　　　　　　　　　　　　　收料单号：011203

供货单位：龙城中药材批发市场　　　2019 年 12 月 7 日　　　收料仓库：1 号库

材料类别	名称及规格	单位	应收数量	实收数量	单价	金额
辅助材料	人参	公斤	2	2	950	1 900
	黄芪	公斤	12	12	55	660
	当归	公斤	15	15	110	1 650
	沙参	公斤	15	15	60	900

记账　　　　　　　　验收　谢德恩　　　　　　　制单　张丽

36-4-3

收 料 单

发票号码：　　　　　　　　　　　　　　　　　　　　　　收料单号：011204
供货单位：龙城中药材批发市场　　2019年12月7日　　收料仓库：1号库

材料类别	名称及规格	单位	应收数量	实收数量	单价	金额
辅助材料	甘草	公斤	18	18	35	630
	白术	公斤	18	18	53	954
	熟地	公斤	6	6	31	186
	红花	公斤	9	9	160	1 440

记账　　　　　　　验收　谢德恩　　　　　制单　张丽

36-4-4

中国工商银行
转账支票存根(晋)
ⅩⅣ00000000

附加信息 _____
_____
_____

出票日期 2019 年 12 月 7 日
收款人：龙城中药材批发市场
金　额：￥9 068.80
用　途：购料款

单位主管　　　会计

37-3-1

山西增值税专用发票

记 账 联

No 00325219

开票日期：2019 年 12 月 7 日

购买方	名　　称：龙城火车站超市 纳税人识别号：140132651 地　址、电话：：太原市建设路 197 号　0351-3856431 开户行及账号：中国建设银行太原五龙口支行　06021553457	密码区	（略）

货物或应税劳务、服务名称	规格型号	单位	数量	单价	金额	税率	税　额
*调味品*老陈醋	500ml×12瓶/箱	箱	150	72.00	10 800.00	13%	1 404.00
*调味品*老陈醋	2.4L×6桶/箱	箱	80	150.00	12 000.00	13%	1 560.00
合计					¥ 22 800.00		¥ 2 964.00

价税合计（大写）	⊗贰万伍仟柒佰陆拾肆元整	（小写）¥ 25 764.00

销售方	名　　称：益珍源醋业有限公司 纳税人识别号：1401081398 地　址、电话：太原市龙城大街 626 号　0351-7686688 开户行及账号：中国工商银行太原小店支　0502121609	备注	

收款人　张静文　　　复核　杨芸　　　开票人　夏子兰　　　销售方　（章）

第一联　记账联　销售方记账凭证

37-3-2

出 库 单

发给：龙城火车站超市　　　2019 年 12 月 7 日　　　第 1912007 号

品名	单位	数量	单价	金额							用途或原因
				十万	千	百	十	元	角	分	
老陈醋 500ml×12瓶/箱	箱	150									销售
老陈醋 2.4L×6桶/箱	箱	80									

主管　　　　　会计　　　　　保管员 姜波　　　　经手人 王海涛

37-3-3

中国工商银行 进账单 （收账通知） 3

2019年12月7日

收款人	全 称	益珍源醋业有限公司	付款人	全 称	龙城火车站超市
	账 号	0502121609		账 号	06021553457
	开户银行	中国工商银行太原小店支行		开户银行	中国建设银行太原五龙口支行

金额	人民币（大写）：贰万伍仟柒佰陆拾肆元整	亿 千 百 十 万 千 百 十 元 角 分
		¥ 2 5 7 6 4 0 0

票据种类	转账支票

开户银行盖章

38-2-1

山西增值税专用发票

发票联

No 00437348

开票日期：2019年12月7日

购买方	名 称：益珍源醋业有限公司 纳税人识别号：1401081398 地 址、电话：太原市龙城大街626号 0351-7686688 开户行及账号：中国工商银行太原小店支行 0502121609	密码区	（略）

货物或应税劳务、服务名称	规格型号	单位	数量	单价	金额	税率	税额
*供电*电费		千瓦时	62 300	0.80	49 840.00	13%	6 479.20
合计					¥49 840.00		¥6 479.20

价税合计（大写）	⊗伍万陆仟叁佰壹拾玖元贰角整	（小写）¥56 319.20

销售方	名 称：国网太原供电公司 纳税人识别号：1401097064 地 址、电话：太原市并州路152号 0351-4647634 开户行及账号：中国工商银行太原并州路支行 0205021231	备注	

收款人 何晓　　复核 蒋雯　　开票人 韩文文　　销售方（章）

38－2－2

中国工商银行 网上银行电子回单

电子回单号码：

付款人	户名	益珍源醋业有限公司	收款人	户名	国网太原供电公司
	账号	0502121609		账号	0205021231
	开户银行	中国工商银行太原小店支行		开户银行	中国工商银行太原并州路支行
金额		人民币（大写）：伍万陆仟叁佰壹拾玖元贰角整			￥56 319.20
摘要		支付电费	业务（产品）种类		转账
用途		购电款			
交易流水号		00023021	时间戳		2019-12-7
备注：缴款人： 券别： 张数： 券别： 张数： 券别： 张数： 券别： 张数： 验证码：					
记账网点	36069	记账柜员	0015	记账日期	2019.12.7

39－3－1

领 料 单

领料单位：四车间　　　2019年12月7日　　　第030401号

编号	品名	规格	单位	请领数量	实发数量	单价	金额	备注
	人参		公斤	1	1			
	黄芪		公斤	4	4			
	当归		公斤	5	5			
	沙参		公斤	5	5			
领料用途	生产八珍醋					合计		

供应部门负责人　　　发料　　　领料 安国平　　　制单 朱启邦　　　领料部门负责人

第三联　会计凭证

39-3-2

领 料 单

领料单位：四车间　　　　　2019年12月7日　　　　　　第030402号

编号	品名	规格	单位	请领数量	实发数量	单价	金额	备注
	甘草		公斤	6	6			
	白术		公斤	6	6			
	熟地		公斤	2	2			
	红花		公斤	3	3			
领料用途	生产八珍醋					合计		

供应部门负责人　　　发料　　　领料 安国平　　　制单 朱启邦　　　领料部门负责人

第三联　会计凭证

39-3-3

领 料 单

领料单位：四车间　　　　　2019年12月7日　　　　　　第030403号

编号	品名	规格	单位	请领数量	实发数量	单价	金额	备注
	苦荞麦		公斤	100	100			
领料用途	生产保健醋口服液					合计		

供应部门负责人　　　发料　　　领料 安国平　　　制单 朱启邦　　　领料部门负责人

第三联　会计凭证

40-3-1

自制半成品 入 库 单

送货单位：一车间　　　　　2019年12月7日　　　　　　第120104号

品名	规格	单位	原送数量	实收数量	单价	金额							
						十万	万	千	百	十	元	角	分
散醋		升	36 600	36 600									
合计													

保管员 周之礼　　　　　送货单位负责人　　　　　送货人 任成城

第二联　会计存

40－3－2

产 成 品 入 库 单

送货单位：三车间　　　　　　2019 年 12 月 7 日　　　　　　第 10303 号

品名	规格	单位	原送数量	实收数量	单价	金额							
						十	万	千	百	十	元	角	分
老陈醋	500ml×12瓶/箱	箱	2 350	2 350									
合计													

保管员　潘高峰　　　　　送货单位负责人　　　　　送货人　余鑫

第二联　会计存

40－3－3

产 成 品 入 库 单

送货单位：三车间　　　　　　2019 年 12 月 7 日　　　　　　第 20303 号

品名	规格	单位	原送数量	实收数量	单价	金额							
						十	万	千	百	十	元	角	分
老陈醋	2.4L×6桶/箱	箱	680	680									
合计													

保管员　潘高峰　　　　　送货单位负责人　　　　　送货人　余鑫

第二联　会计存

41-2-1

山西增值税专用发票

发票联　　　　　　　　　　　　　　　　　　　　　No 00454363

开票日期：2019 年 12 月 8 日

购买方	名　　称：益珍源醋业有限公司 纳税人识别号：1401081398 地　址、电　话：太原市龙城大街 626 号　0351-7686688 开户行及账号：中国工商银行太原小店支行　0502121609	密码区	（略）

货物或应税劳务、服务名称	规格型号	单位	数量	单价	金额	税率	税额
*非金属矿物制品*陶瓷瓶		个	6 000	5.12	30 720.00	13%	3 993.60
合计					￥30 720.00		￥3 993.60

价税合计（大写）	⊗叁万肆仟柒佰壹拾叁元陆角整　　　（小写）￥34 713.60

销售方	名　　称：古城陶瓷制品厂 纳税人识别号：140106543 地　址、电　话：太原市阳曲县古城镇　0351-6437378 开户行及账号：中国农业银行太原阳曲支行　0505021437	备注	

收款人　陆雯　　　　复核　吴天昊　　　　开票人　姜玉　　　　销售方　（章）

41-2-2

收料单

发票号码：　　　　　　　　　　　　　　　2019 年 12 月 8 日　　　　　　　收料单号：021207

供货单位：古城陶瓷制品厂　　　　　　　　　　　　　　　　　　　　　　收料仓库：2号库

材料类别	名称及规格	单位	应收数量	实收数量	单价	金额
包装材料（八珍醋）	陶瓷瓶	个	6 000	6 000	5.12	30 720

记账　　　　　　　验收　牛广元　　　　　　制单　张娟

42－2－1

山西增值税专用发票

记 账 联

No 0032520

开票日期：2019 年 12 月 8 日

购买方	名　　　　称：一百利连锁超市总店 纳税人识别号：140167654 地　址、电　话：太原市大同路 123 号　0351－3765432 开户行及账号：中国工商银行太原新建路支行　06021552545	密码区	（略）

货物或应税劳务、服务名称	规格型号	单位	数量	单价	金额	税率	税额
*调味品 * 老陈醋	500ml×12瓶/箱	箱	150	72.00	10 800.00	13%	1 404.00
*调味品 * 老陈醋	2.4L×6桶/箱	箱	100	150.00	15 000.00	13%	1 950.00
合计					¥ 25 800.00		¥ 3 354.00

价税合计（大写）	⊗贰万玖仟壹佰伍拾肆元整　　　　　（小写）¥ 29 154.00

销售方	名　　　　称：益珍源醋业有限公司 纳税人识别号：1401081398 地　址、电　话：太原市龙城大街 626 号　0351－7686688 开户行及账号：中国工商银行太原小店支行　0502121609	备注	

收款人　张静文　　　　复核　杨芸　　　　开票人　夏子兰　　　　销售方　（章）

第一联　记账联　销售方记账凭证

42－2－2

出　库　单

发给：一百利连锁超市总店　　　2019 年 12 月 8 日　　　第 1912008 号

品名	单位	数量	单价	金额							用途或原因
				十	万	千	百	十	元	角	分	
老陈醋 500ml×12瓶/箱	箱	150										销售
老陈醋 2.4L×6桶/箱	箱	100										

主管　　　　　会计　　　　　保管员　姜波　　　　经手人　王海涛

43－2－1

山西增值税专用发票

发票联　　　　　　　　　　　　　　　№ 00455639

开票日期：2019 年 12 月 8 日

购买方	名　　　称：益珍源醋业有限公司 纳税人识别号：1401081398 地　址、电　话：太原市龙城大街 626 号　0351－7686688 开户行及账号：中国工商银行太原小店支行　0502121609	密码区	（略）

货物或应税劳务、服务名称	规格型号	单位	数量	单价	金额	税率	税额
*水冰雪*水费		立方米	27 900	4.20	117 180.00	9%	10 546.20
合计					￥117 180.00		￥10 546.20

价税合计（大写）	⊗壹拾贰万柒仟柒佰贰拾陆元贰角整　　（小写）￥127 726.20

销售方	名　　　称：太原市自来水公司 纳税人识别号：1401096739 地　址、电　话：太原市新建路 328 号　0351－3837365 开户行及账号：中国建设银行太原新建路支行　0305025712	备注	

收款人　李梅　　　　复核　章甫　　　　开票人　汪娟　　　　销售方　（章）

43－2－2

中国工商银行　网上银行电子回单

电子回单号码：

付款人	户名	益珍源醋业有限公司	收款人	户名	太原市自来水公司
	账号	0502121609		账号	0305025712
	开户银行	中国工商银行太原小店支行		开户银行	中国建设银行太原并州路支行
金额		人民币（大写）：壹拾贰万柒仟柒佰贰拾陆元贰角整　　￥127 726.20			
摘要		支付水费	业务（产品）种类		跨行发报
用途		水费			
交易流水号		00023097	时间戳		2019-12-8
备注：					
缴款人：		券别：　　张数：　　券别：　　张数：			
		券别：　　张数：　　券别：　　张数：			
验证码：					
记账网点	36069	记账柜员	0015	记账日期	2019.12.8

44-2-1

2019/12/8

成交过户交割单

买

股东编号	40100039268	成交证券	新海科技
电脑编号		成交数量	100 000 股
户 名	益珍源醋业有限公司	成交价格	8.10 元
申报编号	206103	成交金额	810 000.00
申报时间	14:06:12	佣 金	1 215.00
成交时间	14:06:30	过 户 费	60.00
上次余额		印 花 税	0.00
本次成交	100 000	应付金额	811 275.00
本次余额	100 000	附加费用	0.00
本次库存	100 000	实付金额	811 275.00

通知联

经办单位：中国银河证券太原桃园营业部　　　　　　客户签章：

44-2-2

中国银河证券太原桃园营业部股票明细对账单

对账期间：2019 年 12 月 8 日-2019 年 12 月 8 日

资金账号：40100039268　　　　　　户　　名：益珍源醋业有限公司

股票市值：810 000.00　　　　　　　资金余额：268 725.00

总 资 产：1 078 725.00　　　　　　资金可用：268 725.00

股份余额汇总

市场	证券代码	证券名称	当前余额	可用数	参考成本	市价	证券市值
深市	3000618	新海科技	100 000		811 275.00	8.10	810 000
合计					811 275.00		810 000

45-2-1

领 料 单

领料单位：四车间　　　　　　2019 年 12 月 8 日　　　　　　第 020305 号

编号	品名	规格	单位	请领数量	实发数量	单价	金额	备注
	陶瓷瓶		个	2 100	2 100			
	纸盒		个	1 050	1 050			
	商标		套	2 100	2 100			
	纸箱		个	350	350			
领料用途	生产八珍醋500ml×2×3瓶/箱					合计		

第三联　会计凭证

供应部门负责人　　　　发料　　　　领料 杨辰曦　　　　制单 王丽华　　　　领料部门负责人

45-2-2

领 料 单

领料单位：四车间　　　　2019 年 12 月 8 日　　　　第 020306 号

编号	品名	规格	单位	请领数量	实发数量	单价	金额	备注
	口服液瓶		个	36 000	36 000			
	纸盒		个	3 600	3 600			
	手提袋		个	600	600			
	纸箱		个	300	300			
领料用途	生产保健醋口服液（10ml×10）×12瓶/箱					合计		

供应部门负责人　　　　发料　　　　领料 杨辰曦　　　　制单 王丽华　　　　领料部门负责人

第三联　会计凭证

46-2-1

自制半成品出库单

发给：二车间　　　　2019 年 12 月 8 日　　　　第 011202 号

品名	单位	数量	单价	金额								用途或原因
				十	万	千	百	十	元	角	分	
散醋	升	73 000										生产散老陈醋

主管　　　　会计　　　　保管员 周之礼　　　　经手人 张晓林

46-2-2

自制半成品出库单

发给：三车间　　　　2019 年 12 月 8 日　　　　第 021205 号

品名	单位	数量	单价	金额								用途或原因
				十	万	千	百	十	元	角	分	
散老陈醋	升	14 160										生产老陈醋 500ml×12瓶/箱
散老陈醋	升	10 224										生产老陈醋 2.4L×6桶/箱

主管　　　　会计　　　　保管员 姚远　　　　经手人 方秀敏

47－4－1

山西省税务局通用机打发票
发票联

开票日期：2019 年 12 月 6 日　　　　　　　　　　　　　　行业分类：制造业

机打代码				
机打号码				
付款单位名称	益珍源醋业有限公司			
付款单位代码	1401081398			
货物或应税劳务、服务名称	规格型号	单位	单价	数量	金额
麸皮		公斤	1.26	45 000	56 700.00
大写合计	伍万陆仟柒佰元整	合计			56 700.00
收款单位名称（章）	金穗粮食加工厂	纳税人识别号			3101045361
备注					

开票人：刘飞凤　　　　　　　　　　　　　　　收款人：苏艺芬

第一联发票联（购货单位付款凭证）（手开无效）

47－4－2

山西增值税专用发票
发票联

No 00453253

开票日期：2019 年 12 月 6 日

购买方	名　　　称：益珍源醋业有限公司 纳税人识别号：1401081398 地　址、电话：太原市龙城大街 626 号　　0351－7686688 开户行及账号：中国工商银行太原小店支行　　0502121609	密码区	（略）

货物或应税劳务、服务名称	规格型号	单位	数量	单价	金额	税率	税额
*运输服务*运输费					13 500.00	9%	1 215.00
合计					¥ 13 500.00		¥ 1 215.00
价税合计（大写）	⊗壹万肆仟柒佰壹拾伍元整				（小写）¥ 14 715.00		

销售方	名　　　称：飞跃物流有限公司 纳税人识别号：437010690 地　址、电话：山西省右玉县解放大街 47 号　　0349－2124634 开户行及账号：中国农业银行右玉县支行　　1346090652	备注	

收款人　刘浩　　　复核　张梦洁　　　开票人　李培先　　　销售方（章）

第三联　发票联　购货方记账凭证

47-4-3

发票号码：

供货单位：金穗粮食加工厂

收 料 单

2019年12月9日

收料单号：011205

收料仓库：1号库

材料类别	名称及规格	单位	应收数量	实收数量	单价	金额
原料及主要材料	麸皮	公斤	45 000	45 000	1.56	70 200

记账　　　　　　　验收　谢德恩　　　　　　　制单　张丽

47-4-4

中国农业银行　信汇凭证（收账通知或取款收据）　4

委托日期：2019年12月6日

汇款人	全　称	益珍源醋业有限公司	收款人	全　称	金穗粮食加工厂
	账　号	0502121609		账　号	0203534891
	汇出地点	山西省太原市小店区		汇入地点	山西省右玉县
汇出行名称		中国工商银行太原小店支行	汇入行名称		中国农业银行右玉支行

金额	人民币（大写）：柒万壹仟肆佰壹拾伍元整	亿 千 百 十 万 千 百 十 元 角 分 ¥ 7 1 4 1 5 0 0

支付密码

附加信息及用途：
　材料购买款及运费

汇出行签章　　　　　　　　　　　　　　复核　　记账

此联给收账人的收账通知或代取款收据

48

中国工商银行 网上银行电子回单

电子回单号码：

付款人	户名	朔州调味品批发公司	收款人	户名	益珍源醋业有限公司
	账号	05073301851		账号	0502121609
	开户银行	中国农业银行朔州古道支行		开户银行	中国工商银行太原小店支行
	金额	人民币（大写）：壹拾伍万零贰佰元整		￥150 200	
	摘要	货款		业务（产品）种类	跨行收报
	用途				
	交易流水号	000353		时间戳	2019-12-9
	备注：				
	缴款人：	券别： 张数：	券别：	张数：	
		券别： 张数：	券别：	张数：	
	验证码：				
	记账网点	36069	记账柜员 0016	记账日期	2019.12.9

49－4－1

山西增值税专用发票

记 账 联   No 00325221

开票日期：2019 年 12 月 9 日

购买方	名　　称：北京正和贸易有限公司 纳税人识别号：110108634 地址、电话：北京市海淀区知春路112号 开户行及账号：华夏银行北京知春支行　0340215363	密码区	（略）

货物或应税劳务、服务名称	规格型号	单位	数量	单价	金额	税率	税额
*调味品*老陈醋	500ml×12瓶/箱	箱	5 000	72.00	360 000.00	13%	46 800.00
*调味品*老陈醋	2.4L×6桶/箱	箱	2 000	150.00	300 000.00	13%	39 000.00
合计					￥660 000.00		￥85 800.00

价税合计（大写）	⊗柒拾肆万伍仟捌佰元整	（小写）￥745 800.00

销售方	名　　称：益珍源醋业有限公司 纳税人识别号：1401081398 地址、电话：太原市龙城大街626号　0351-7686688 开户行及账号：中国工商银行太原小店支行　0502121609	备注	

收款人　张静文　　　复核　杨芸　　　开票人　夏子兰　　　销售方（章）

49－4－2

出 库 单

发给：北京正和贸易有限公司　糖酒批发部　　　2019年12月9日　　　第1912009号

品名	单位	数量	单价	金额									用途或原因
				十万	万	千	百	十	元	角	分	
老陈醋 500ml×12瓶/箱	箱	5 000										销售
老陈醋 2.4L×6桶/箱	箱	2 000										

主管　　　　会计　　　　保管员 姜波　　　　经手人 王海涛

49－4－3

商业承兑汇票（卡片）　　1

出票日期（大写）：贰零壹玖年壹拾贰月零玖日　　汇票号码

付款人	全称	益珍源醋业有限公司	收款人	全称	北京正和贸易有限公司	
	账号	0502121609		账号	0340215363	
	开户银行	中国工商银行太原小店支行		开户银行	华夏银行北京知春支行	此联承兑人存查
出票金额	人民币（大写）：柒拾陆万捌仟捌佰元整					亿 千 百 十 万 千 百 十 元 角 分 ￥ 7 6 8 8 0 0 0 0	
汇票到期日（大写）	贰零贰零年零贰月零玖日		付款人开户行	行号		
				地址		
交易合同号码						
			备注： 出票人签章			

49－4－4

```
中国工商银行
转账支票存根(晋)
XⅣ00000000
附加信息 _____
_____
出票日期 2019 年 12 月 9 日
收款人：晋通运输有限公司
金  额：23 000.00
用  途：代垫运输费
单位主管    会计
```

50－2－1

工资结算汇总表（简表）

2019 年 11 月　　　　　　　　　　　　　　　　　　　单位：元

车间、部门		基本工资	津贴补贴	奖金	缺勤工资	应发工资	代扣款项（个人所得税）	实发工资
一车间	生产工人	501 194	26 730	31 286	1 210	558 000	450	557 550
	管理人员	21 250	1 750	2 400		25 400	95	25 305
二车间	生产工人	15 180	1 320	1 600		18 100		18 100
	管理人员	8 280	720	600		9 600	39	9 561
三车间	生产工人	36 182	1 200	3 000	182	40 200		40 200
	管理人员	8 188	712	900		9 800	42	9 758
四车间	生产工人	23 644	2 056	6 000		31 700		31 700
	管理人员	6 486	564	400		7 450	21	7 429
公司管理人员		124 808	9 692	14 100	300	148 300	1 385	146 915
合　计		745 212	44 744	60 286	1 692	848 550	2 032	846 518

注：实际工作中，工资结算汇总表是根据"工资结算表（单）"汇总的。限于篇幅，本实验略去了"工资结算表（单）"。

50-2-2

```
中国工商银行
转账支票存根(晋)
XⅣ00000000
附加信息 _____
_____
_____
出票日期 2019 年 12 月 9 日
收款人：（代发工资）
金  额：846 518.00
用  途：发工资
单位主管    会计
```

51-2-1

太原市医疗管理服务中心参保单位缴费征集单（简表）

单位编号：110289

单位名称：益珍源醋业有限公司　　　　　　　　　　　　　　　　银行代扣征集单

缴费项目	开始期号	终止期号	单位缴费			个人缴费（元）	滞纳金（元）	缴费合计
			缴费基数（元）	费率%	金额（元）			
基本医疗	20191109	20191209	848 550	7	59 398.50			59 398.50
工伤保险				1.2	10 182.60			10 182.60
生育保险				0.8	6 788.40			6 788.40
合计					76 369.50			76 369.50

注：银行代扣征集单费用，单位不需自行缴费。

51-2-2

中国工商银行　网上银行电子回单

电子回单号码：

付款人	户名	益珍源醋业有限公司	收款人	户名	太原市医疗管理服务中心
	账号	05021216092015		账号	01401133979811014
	开户银行	中国工商银行太原小店支行		开户银行	晋商银行股份有限公司太原社保支行
	金额	人民币（大写）：柒万陆仟叁佰陆拾玖元伍角整　￥76 369.50 元			
	摘要	集中代收付		业务（产品）种类	跨行发报
	用途					
	交易流水号	00023056		时间戳	2019-12-09
	备注： 委托日期　2019-12-09　业务种类　普通汇兑 收款人地址 付款人地址 验证码：				
记账网点	2019	记账柜员	032	记账日期	2019-12-09

52-2-1

太原市失业管理服务中心参保单位缴费征集单（简表）

单位编号：110289
单位名称：益珍源醋业有限公司

缴费项目	开始期号	终止期号	单位缴费			滞纳金（元）	缴费合计
			缴费基数（元）	费率%	金额（元）		
失业保险	20191109	20191209	848 550	2	16 971		16 971
收款人名称	太原市失业管理服务中心						
失业保险收款账户	141000615018170836718 交通银行太原站南支行						

52-2-2

中国工商银行　网上银行电子回单

电子回单号码：

付款人	户名	益珍源醋业有限公司	收款人	户名	太原市失业管理服务中心
	账号	05021216092015		账号	141000615018170836718
	开户银行	中国工商银行太原小店支行		开户银行	交通银行太原站南支行
金额		人民币（大写）：壹万陆仟玖佰柒拾壹元整　　　￥16 971 元			
摘要		11月失业保险	业务（产品）种类		跨行发报
用途					
交易流水号		00023093	时间戳		2019-12-09
中国工商银行电子回单专用章		备注： 委托日期　2019-12-09　业务种类　普通汇兑 收款人地址 付款人地址			
		验证码：			
记账网点		2019	记账柜员	032	记账日期　2019-12-09

打印日期：2019年12月9日

53-2-1

太原基本养老服务中心参保单位缴费征集单（简表）

单位编号：110289
单位名称：益珍源醋业有限公司

缴费项目	开始期号	终止期号	单位缴费			滞纳金（元）	缴费合计
			缴费基数（元）	费率%	金额（元）		
失业保险	20191109	20191209	848 550	20	169 710		169 710

收款人名称	太原市基本养老服务中心
失业保险收款账户	141000615018170833256　中国银行股份有限公司太原城南支行

53－2－2

中国工商银行　网上银行电子回单

电子回单号码：

付款人	户名	益珍源醋业有限公司	收款人	户名	太原市企业养老保险服务中心
	账号	05021216092015		账号	147952526067
	开户银行	中国工商银行太原小店支行		开户银行	中国银行股份有限公司太原城南支行
	金额	人民币（大写）：壹拾陆万玖仟柒佰壹拾元整 ￥169 710 元			
	摘要	11月养老保险		业务（产品）种类	跨行发报
	用途				
	交易流水号	00023093		时间戳	2019-12-09
中国工商银行电子回单专用章	备注： 委托日期　2019-12-09　业务种类　普通汇兑 收款人地址 付款人地址 验证码：				
记账网点	2019	记账柜员	032	记账日期	2019-12-09

打印日期：2019年12月9日

54－2－1

太原住房公积金汇（补）缴书

单位预留印签章：　　　　　　　　　　　　　　　　　　　　　　2019年12月9日

缴存单位填写	单位名称	益珍源醋业有限公司	☐ 汇缴	2019 年 11 月									
	单位账号	05021216092015	☐ 补缴	人数： 人									
	支付方式	☐ 现金　☐ 支票　☐ 电汇 ✓　☐ 网银											
	汇（补）缴金额（大写）	壹拾万零壹仟捌佰贰拾陆元整	千	百	十	万	千	百	十	元	角	分	
			￥	1	0	1	8	2	6	0	0		
		上月汇缴		本月增加		本月减少			本月汇缴				
		人数	金额	人数	金额	人数	金额		人数	金额			
分理处填写													

汇缴接拒岗（签章）：　　　　　汇缴复核岗（签章）：　　　　　专管员签字：

54－2－2

中国工商银行　网上银行电子回单

电子回单号码：

付款人	户名	益珍源醋业有限公司	收款人	户名	太原市住房公积金管理中心
	账号	05021216092015		账号	14001825308050501996
	开户银行	中国工商银行太原小店支行		开户银行	中国建设银行太原市二营盘支行
	金额	人民币（大写）：壹拾万零壹仟捌佰贰拾陆元整		￥101 826 元	
	摘要	11月住房公积金		业务（产品）种类	跨行发报
	用途				
	交易流水号	00023093		时间戳	2019-12-09
中国工商银行电子回单专用章	备注：委托日期　2019-12-09　业务种类　普通汇兑 收款人地址 付款人地址				
	验证码：				
记账网点	2019	记账柜员	032	记账日期	2019-12-09

打印日期：2019年12月9日

55－2－1

领　料　单

领料单位：一车间　（制醋车间）　　2019年12月9日　　第 010105 号

编号	品名	规格	单位	请领数量	实发数量	单价	金额	备注
	高粱		公斤	14 520	14 520			
	大曲		公斤	5 290	5 290			
	麸皮		公斤	14 450	14 450			
	谷糠		公斤	14 450	14 450			
领料用途	生产散醋					合计		

供应部门负责人　　　发料　　　领料　姜建伟　　制单　李旭光　　　领料部门负责人

第三联　会计凭证

55－2－2

领 料 单

领料单位：一车间 （制醋车间）　　2019 年 12 月 9 日　　　　第 010106 号

编号	品名	规格	单位	请领数量	实发数量	单价	金额	备注
	食盐		公斤	1 420	1 420			
领料用途	生产散醋					合计		

供应部门负责人　　　发料　　　领料 姜建伟　　　制单 李旭光　　　领料部门负责人

第三联　会计凭证

56－4－1

自制半成品 入 库 单

送货单位：一车间　　　　2019 年 12 月 9 日　　　　第 120105 号

品名	规格	单位	原送数量	实收数量	单价	金额						
						十	万	千	百	十	元	角	分
散醋		升	36 650	36 650									
合计													

保管员 周之礼　　　　送货单位负责人　　　　送货人 任成城

第二联　会计存

56－4－2

自制半成品 入 库 单

送货单位：二车间　　　　2019 年 12 月 9 日　　　　第 120203 号

品名	规格	单位	原送数量	实收数量	单价	金额						
						十	万	千	百	十	元	角	分
散老陈醋		升	49 500	49 500									
合计													

保管员 姚远　　　　送货单位负责人　　　　送货人 魏唐

第二联　会计存

56-4-3

产成品 入 库 单

送货单位：三车间　　　　2019年12月9日　　　　第 10304 号

品名	规格	单位	原送数量	实收数量	单价	金额								
						十	万	千	百	十	元	角	分
老陈醋	500ml×12瓶/箱	箱	2 360	2 360									
合计													

第二联　会计存

保管员　潘高峰　　　　送货单位负责人　　　　送货人　余鑫

56-4-4

产成品 入 库 单

送货单位：三车间　　　　2019年12月9日　　　　第 20304 号

品名	规格	单位	原送数量	实收数量	单价	金额								
						十	万	千	百	十	元	角	分
老陈醋	2.4L×6桶/箱	箱	710	710									
合计													

第二联　会计存

保管员　潘高峰　　　　送货单位负责人　　　　送货人

57-3-1

山西增值税专用发票

发 票 联　　　　　　　　　　　　　　　　　№ 00564876

开票日期：2019 年 12 月 10 日

购买方	名　　　称：益珍源醋业有限公司 纳税人识别号：1401081398 地　址、电话：太原市龙城大街 626 号　0351-7686688 开户行及账号：中国工商银行太原小店支行　0502121609	密码区	（略）

货物或应税劳务、服务名称	规格型号	单位	数量	单价	金额	税率	税额
*谷物*高粱		公斤	30 000	2.00	60 000.00	9%	5 400.00
合计					￥60 000.00		￥5 400.00

价税合计（大写）	⊗陆万伍仟肆佰元整　　　　　　　　　　（小写）￥65 400.00

销售方	名　　　称：雁北粮油贸易有限公司 纳税人识别号：1402097267 地　址、电话：大同市站前路 28 号　0352-3737378 开户行及账号：交通银行大同站前支行　0205021235	备注	

收款人　杨柳　　　　复核　刘舒　　　　开票人　韩琳　　　　销售方（章）

第三联　发票联　购买方记账凭证

57-3-2

山西增值税专用发票

发 票 联　　　　　　　　　　　　　　　　　№ 00453253

开票日期：2019 年 12 月 10 日

购买方	名　　　称：益珍源醋业有限公司 纳税人识别号：1401081398 地　址、电话：太原市龙城大街 626 号　0351-7686688 开户行及账号：中国工商银行太原小店支行　0502121609	密码区	（略）

货物或应税劳务、服务名称	规格型号	单位	数量	单价	金额	税率	税额
*运输服务*运输费					9 200.00	9%	828.00
合计					￥9 200.00		￥828.00

价税合计（大写）	⊗壹万零贰拾捌元整　　　　　　　　　　（小写）￥10 028.00

销售方	名　　　称：明顺物流有限公司 纳税人识别号：140210634 地　址、电话：山西省大同市魏都大道 108 号　0352-2124658 开户行及账号：晋商银行大同分行魏都支行　1346090328	备注	

收款人　刘梦　　　　复核　张亚洁　　　　开票人　李培　　　　销售方（章）

57－3－3

托收凭证（承付/付款凭证） 5

委托日期：2019 年 12 月 10 日

业务类型	委托收款（□邮划、□电划）			托收承付（√邮划、□电划）			
付款人	全 称	益珍源醋业有限公司		收款人	全 称	雁北粮油贸易有限公司	
	账 号	5021216090			账 号	0205021235	
	地 址	山西省太原市	开户行	中国工商银行太原小店支行		地 址	山西省大同市	开户行	交通银行大同站前支行
金额	人民币（大写）：柒万伍仟肆佰贰拾捌元整				亿千百十万千百十元角分 ¥ 7 5 4 2 8 0 0		
款项内容	货款及运费		托收凭据名称		附寄单证张数	2	
商品发运情况				合同名称号码			
备注：		款项收妥日期：					
				收款人开户银行签章			
复核 记账				年 月 日		年 月 日	

此联作收款人开户银行给收款人的受理回单

58－2－1

山西增值税普通发票

现金收讫

记 账 联   No 00325217

开票日期：2019 年 12 月 10 日

购买方	名 称：曹梦溪 纳税人识别号： 地址、电话：阳曲县南庄　136351667996 开户行及账号：	密码区	（略）

货物或应税劳务、服务名称	规格型号	单位	数量	单价	金额	税率	税 额
*调味品*老陈醋	2.4L×6桶/箱	箱	80	150.00	12 000.00	13%	1 560.00
合计					¥ 12 000.00		¥ 1 560.00
价税合计（大写）		⊗壹万叁仟伍佰陆拾元整				（小写）¥ 13 560.00	

销售方	名 称：益珍源醋业有限公司 纳税人识别号：1401081398 地址、电话：太原市龙城大街626号　0351－7686688 开户行及账号：中国工商银行太原小店支行　0502121609	备注	

收款人 张静文　　复核 杨芸　　开票人 夏子兰　　销售方 （章）

第一联 记账联 销售方记账凭证

58-2-2

出 库 单

发给：曹梦溪　　　　　　2019 年 12 月 10 日　　　　　　第 1912010 号

品名	单位	数量	单价	金额									用途或原因
				十	万	千	百	十	元	角	分		
老陈醋 2.4L×6桶/箱	箱	80											销售
主管		会计			保管员 姜波				经手人 王海涛				

59

券种明细

券种	金额
壹佰元	13 000
伍拾元	500
拾元	60
伍元	
贰元	
壹元	
伍角	
贰角	
壹角	
伍分	
贰分	
壹分	
合计	

中国工商银行

现金缴款单

缴款日期：2019年12月10日

交款单位	全称	益珍源醋业有限公司	账号	0502121609
	开户银行	中国工商银行太原小店支行	款项来源	销货款

人民币（大写）	壹万叁仟伍佰陆拾元整	百	十	万	千	百	十	元	角	分
			¥	1	3	5	6	0	0	0

现金收讫	盖章	出纳复核员　　出纳收款员 会计复核员　　记账员

第二联　银行盖印后退回交款单位

60－2－1

电子缴税付款凭证

转账日期：2019 年 12 月 10 日　　　　　　　　　　　　　　　　凭证字号：

纳税人全称及纳税人识别号：益珍源醋业有限公司　　1401081398	
付款人全称：益珍源醋业有限公司	
付款人账号：0502121609	征收机关名称：太原税务局小店分局
付款人开户银行：中国工商银行太原小店支行	收款国库（银行）名称：民生银行小店支行
小写（合计）金额：¥401 290.00	缴款书交易流水号：20191210224
大写（合计）金额：肆拾万零贰佰玖拾元整	税票号码：6548
税（费）种名称	所属时期	实缴金额
增值税	2019 年 11 月	401 290.00

60－2－2

电子缴税付款凭证

转账日期：2019 年 12 月 10 日　　　　　　　　　　　　　　　　凭证字号：

纳税人全称及纳税人识别号：益珍源醋业有限公司　　1401081398	
付款人全称：益珍源醋业有限公司	
付款人账号：0502121609	征收机关名称：太原税务局小店分局
付款人开户银行：中国工商银行太原小店支行	收款国库（银行）名称：招商银行小店支行
小写（合计）金额：¥42 161.00	缴款书交易流水号：
大写（合计）金额：肆万贰仟壹佰陆拾壹元整	税票号码：6548
税（费）种名称	所属时期	实缴金额
城建税、教育费附加、个人所得税	2019 年 11 月	42 161.00

61－2－1

领 料 单

领料单位：三车间　　　　2019 年 12 月 10 日　　　　　　第 020307 号

编号	品名	规格	单位	请领数量	实发数量	单价	金额	备注
	玻璃瓶		套	56 820	56 820			
	商标		套	56 820	56 820			
	纸箱		个	4 735	4 735			
领料用途	生产老陈醋 500ml×12瓶/箱						合计		

供应部门负责人　　　发料　　　领料　杨辰曦　　　制单　王丽华　　　领料部门负责人

第三联　会计凭证

61-2-2

领 料 单

领料单位：三车间　　　　2019 年 12 月 10 日　　　　第 020308 号

编号	品名	规格	单位	请领数量	实发数量	单价	金额	备注
	2.4L 塑料桶		套	8 280	8 280			
	纸箱		个	1 380	1 380			
领料用途	生产老陈醋 2.4L×6桶/箱					合计		

供应部门负责人　　　发料　　　领料 杨辰曦　　　制单 王丽华　　　领料部门负责人

第三联 会计凭证

62

自 制 半 成 品 出 库 单

发给：三车间　　　　2019 年 12 月 10 日　　　　第 021206 号

品名	单位	数量	单价	金额								用途或原因
				十	万	千	百	十	元	角	分	
散老陈醋	升	14 220										生产老陈醋 500ml×12瓶/箱
散老陈醋	升	9 864										生产老陈醋 2.4L×6瓶/箱

主管　　　　　　　会计　　　　　　　保管员 姚远　　　　　　　经手人 方秀敏

63-3-1

山西增值税专用发票

发票联　　　　　　　　　　　　　　　　No 00455325

开票日期：2019 年 12 月 11 日

购买方	名　　称：益珍源醋业有限公司 纳税人识别号：1401081398 地　址、电　话：太原市龙城大街 626 号　0351-7686688 开户行及账号：中国工商银行太原小店支行　0502121609	密码区	（略）

货物或应税劳务、服务名称	规格型号	单位	数量	单价	金额	税率	税额
*食品添加剂*大曲		公斤	13 000	3.90	50 700.00	13%	6 591.00
合计					￥50 700.00		￥6 591.00

价税合计（大写）	⊗伍万柒仟贰佰玖拾壹元整　　　　　（小写）￥57 291.00

销售方	名　　称：明华制曲厂 纳税人识别号：1401006786 地　址、电　话：太原市人民路 27 号　0351-7637378 开户行及账号：中国工商银行太原小店支行　0608121634	备注	

收款人　夏宇航　　　　复核　安丽丽　　　　开票人　单利　　　　销售方　（章）

63-3-2

收　料　单

发票号码：No 00455325　　　　　　　　　　　　　　　　收料单号：011206

供货单位：明华制曲厂　　　　2019 年 12 月 11 日　　　　收料仓库：1 号库

材料类别	名称及规格	单位	应收数量	实收数量	单价	金额
原料及主要材料	大曲	公斤	13 000	13 000	3.90	50 700

记账　　　　　　验收　谢德恩　　　　　　制单　张丽

63－3－3

中国工商银行　　网上银行电子回单

电子回单号码：

付款人	户名	益珍源醋业有限公司	收款人	户名	明华制曲厂
	账号	0502121609		账号	0608121634
	开户银行	中国工商银行太原小店支行		开户银行	中国工商银行小店支行
金额		人民币（大写）：伍万柒仟贰佰玖拾壹元整			￥57 291.00
摘要		11日购货款	业务（产品）种类		转账
用途		购买原材料			
交易流水号		00023004	时间戳		2019-12-11
备注：					
缴款人：		券别： 张数：		券别：	张数：
		券别： 张数：		券别：	张数：
验证码：					
记账网点	36069	记账柜员	0015	记账日期	2019.12.11

64－2－1

山西增值税专用发票

记 账 联　　　　　　　　　　　　　　　　No 00325222

开票日期：2019 年 12 月 11 日

购买方	名　　称：花都超市总店 纳税人识别号：140167345 地　址、电　话：太原市建设北路25号 开户行及账号：中国建设银行太原五龙口支行　06021556678						密码区	（略）
货物或应税劳务、服务名称	规格型号	单位	数量	单价	金额	税率		税额
＊调味品＊老陈醋	500ml×12瓶/箱	箱	400	72.00	28 800.00	13%		3 744.00
＊调味品＊老陈醋	2.4L×6桶/箱	箱	200	150.00	30 000.00	13%		3 900.00
合计					￥58 800.00			￥7 644.00
价税合计（大写）	⊗陆万陆仟肆佰肆拾肆元整				（小写）￥66 444.00			
销售方	名　　称：益珍源醋业有限公司 纳税人识别号：1401081398 地　址、电　话：太原市龙城大街626号　0351－7686688 开户行及账号：中国工商银行太原小店支行　0502121609						备注	

收款人　张静文　　　复核　杨芸　　　开票人　夏子兰　　　　　销售方（章）

第一联　记账联　销售方记账凭证

64－2－2

出 库 单

发给：花都超市总店　　　　2019 年 12 月 11 日　　　　　　第 1912011 号

品名	单位	数量	单价	金额								用途或原因
				十	万	千	百	十	元	角	分	
老陈醋 500ml×12 瓶/箱	箱	400										销售
老陈醋 2.4L×6 桶/箱	箱	200										

主管　　　　　　　会计　　　　　　　保管员 姜波　　　　　经手人 王海涛

65

中国工商银行　进账单　（收账通知）　3

2019 年 12 月 11 日

收款人	全 称	益珍源醋业有限公司	付款人	全 称	花都超市总店									
	账 号	0502121609		账 号	0302121235									
	开户银行	中国工商银行太原小店支行		开户银行	中国银行太原新建路支行									
金额	人民币（大写）：壹拾叁万柒仟贰佰肆拾壹元整				亿	千	百	十万	千	百	十	元	角	分
						¥	1	3	7	2	4	1	0	0
	票据种类	转账支票		开户银行盖章										

66-4-1

山西增值税专用发票

发票联　　　　　　　　　　　　　　　　No 00454562

开票日期：2019 年 12 月 11 日

购买方	名　　称：益珍源醋业有限公司 纳税人识别号：1401081398 地　址、电　话：太原市龙城大街626号　0351-7686688 开户行及账号：中国工商银行太原小店支　0502121609	密码区	（略）

货物或应税劳务、服务名称	规格型号	单位	数量	单价	金额	税率	税额
*公共安全设备*灭火器		个	12	56.00	672.00	13%	87.36
合计					¥672.00		¥87.36

价税合计（大写）	⊗柒佰伍拾玖元叁角陆分	（小写）¥759.36

销售方	名　　称：太原市力安消防器材有限公司 纳税人识别号：1401005642 地　址、电　话：太原市迎新街27号　0351-3837374 开户行及账号：中国工商银行太原迎新街支行　0608345671	备注	

收款人　吴涵　　　复核　何必　　　开票人　李菲　　　销售方（章）

第三联　发票联　购买方记账凭证

66-4-2

中国工商银行

转账支票存根(晋)
ⅩⅣ00000000

附加信息 _____
_____
_____

出票日期 2019 年 12 月 11 日

收款人：	力安消防器材有限公司
金　额：	759.36
用　途：	购货款

单位主管　　会计

66-4-3

低值易耗品 入 库 单

送货单位：力安消防器材有限公司　　　2019 年 12 月 11 日　　　第 051201 号

品名	规格	单位	原送数量	实收数量	单价	金额							
						十	万	千	百	十	元	角	分
灭火器		个	12	12	56			¥	6	7	2	0	0
合计								¥	6	7	2	0	0

保管员　安国平　　　送货单位负责人　　　送货人　郭祥

第二联　会计存

66-4-4

低值易耗品 出 库 单

发给：办公楼管理组　　　2019 年 12 月 11 日　　　第 120501 号

品名	单位	数量	单价	金额							用途或原因
				十	万	千	百	十	元	角	分	
灭火器	个	12	56			¥	6	7	2	0	0	消防用
合计						¥	6	7	2	0	0	

主管　　　会计　　　保管员　安国平　　　经手人　傅海萍

67-3-1

自制半成品 入 库 单

送货单位：一车间　　　2019 年 12 月 11 日　　　第 120106 号

品名	规格	单位	原送数量	实收数量	单价	金额							
						十	万	千	百	十	元	角	分
散醋		升	36 550	36 550									
合计													

保管员　周之礼　　　送货单位负责人　　　送货人　任成城

第二联　会计存

67-3-2

产成品入库单

送货单位：三车间　　　2019年12月11日　　　第10305号

品名	规格	单位	原送数量	实收数量	单价	金额								
						十	万	千	百	十	元	角	分
老陈醋	500ml×12瓶/箱	箱	2370	2370									
合计													

保管员　潘高峰　　　送货单位负责人　　　送货人　余鑫

第二联 会计存

67-3-3

产成品入库单

送货单位：三车间　　　2019年12月11日　　　第20305号

品名	规格	单位	原送数量	实收数量	单价	金额								
						十	万	千	百	十	元	角	分
老陈醋	2.4L×6桶/箱	箱	685	685									
合计													

保管员　潘高峰　　　送货单位负责人　　　送货人　余鑫

第二联 会计存

68－2－1

山西增值税专用发票

发 票 联　　　　　　　　　　　　　　　　　　　　　No 00455561

开票日期：2019 年 12 月 11 日

购买方	名　　称：益珍源醋业有限公司 纳税人识别号：1401081398 地　址、电　话：太原市龙城大街 626 号　0351－7686688 开户行及账号：中国工商银行太原小店支行　0502121609	密码区	（略）

货物或应税劳务、服务名称	规格型号	单位	数量	单价	金额	税率	税额
＊林业产品＊方木		M³	2	1 500.00	3 000.00	13%	390.00
＊钢化玻璃	8mm	m²	10	100.00	1 000.00	13%	130.00
合计					¥4 000.00		¥520.00

价税合计（大写）	⊗肆仟伍佰贰拾元整	（小写）¥4 520.00

销售方	名　　称：太原现代建材市场 纳税人识别号：1401064573 地　址、电　话：太原市新华街 271 号　0351－3836546 开户行及账号：中国建设银行太原新华街支行　0608334267	备注	

收款人　李强　　　复核　赵丽敏　　　开票人　刘倩　　　销售方　（章）

68－2－2

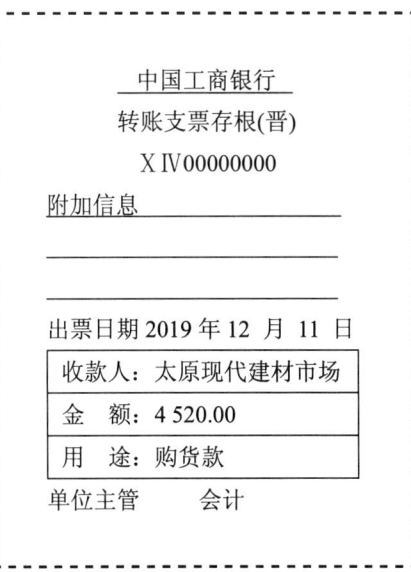

69-3-1

陕西增值税专用发票

发票联　　　　　　　　　　　　　No 00455389

开票日期：2019 年 12 月 12 日

购买方	名　称：益珍源醋业有限公司 纳税人识别号：1401081398 地　址、电话：太原市龙城大街 626 号　0351-7686688 开户行及账号：中国工商银行太原小店支行　0502121609	密码区	（略）

货物或应税劳务、服务名称	规格型号	单位	数量	单价	金额	税率	税额
*农副产品*谷糠		公斤	100 000	0.50	50 000.00	9%	4 500.00
合计					¥50 000.00		¥4 500.00

价税合计（大写）	⊗伍万肆仟伍佰元整	（小写）¥54 500.00

销售方	名　称：裕丰农副产品贸易中心 纳税人识别号：37010690 地　址、电话：陕西省韩城市西环路 35 号　0913-5227357 开户行及账号：中国农业银行韩城支行　0308334365	备注	

收款人　章凡　　　复核　杨瑶琦　　　开票人　安同　　　销售方　（章）

69-3-2

山西增值税专用发票

发票联　　　　　　　　　　　　　No 00453253

开票日期：2019 年 12 月 12 日

购买方	名　称：益珍源醋业有限公司 纳税人识别号：1401081398 地　址、电话：太原市龙城大街 626 号　0351-7686688 开户行及账号：中国工商银行太原小店支行　0502121609	密码区	（略）

货物或应税劳务、服务名称	规格型号	单位	数量	单价	金额	税率	税额
*运输服务*运输费					30 000.00	9%	2 700.00
合计					¥30 000.00		¥2 700.00

价税合计（大写）	⊗叁万贰仟柒佰元整	（小写）¥32 700.00

销售方	名　称：迅达运输有限责任公司 纳税人识别号：1401356782 地　址、电话：山西省平路县为民路 18 号　0359-2124346 开户行及账号：农业银行平陆支行　1346098932	备注	起运地：韩城 到达地：太原 车型车号：货车 运输货物信息：谷糠

收款人　刘梦星　　　复核　张洁　　　开票人　李先瑞　　　销售方　（章）

69-3-3

发票号码：№ 00453253

供货单位：裕丰农副产品贸易中心

收 料 单

2019 年 12 月 12 日

收料单号：011207

收料仓库：1号库

材料类别	名称及规格	单位	应收数量	实收数量	单价	金额
原料及主要材料	谷糠	公斤	100 000	100 000	0.80	80 000

记账　　　　　　　　　验收　谢德恩　　　　　　　　制单　张丽

70-3-1

山西增值税专用发票

记 账 联

№ 00325223

开票日期：2019 年 12 月 12 日

购买方	名　　　　称：晋阳调味品批发市场 纳税人识别号：140167356 地　址、电　话：太原市小店区晋阳街 23 号　0351-7669123 开户行及账号：中国农业银行太原小店支行　03021556356	密码区	（略）

货物或应税劳务、服务名称	规格型号	单位	数量	单价	金额	税率	税额
*调味品*老陈醋	500ml×12瓶/箱	箱	650	72.00	46 800.00	13%	6 084.00
*调味品*老陈醋	2.4L×6桶/箱	箱	400	150.00	60 000.00	13%	7 800.00
合计					¥106 800.00		¥13 884.00

价税合计（大写）	⊗壹拾贰万零陆佰捌拾肆元整　　　　（小写）¥120 684.00

销售方	名　　　　称：益珍源醋业有限公司 纳税人识别号：1401081398 地　址、电　话：太原市龙城大街 626 号　0351-7686688 开户行及账号：中国工商银行太原小店支行　0502121609	备注	

收款人　张静文　　　　复核　杨芸　　　　开票人　夏子兰　　　　销售方　（章）

第一联　记账联　销售方记账凭证

70-3-2

出 库 单

发给：晋阳调味品批发市场　　　2019 年 12 月 12 日　　　第 1912012 号

品名	单位	数量	单价	金额								用途或原因
				十	万	千	百	十	元	角	分	
老陈醋 500ml×12 瓶/箱	箱	650										销售
老陈醋 2.4L×6 桶/箱	箱	400										

主管　　　　　　　会计　　　　　　　保管员 姜波　　　　　经手人 王海涛

70-3-3

中国工商银行　**进账单**　（收账通知）　　3

2019 年 12 月 12 日

收款人	全 称	益珍源醋业有限公司	付款人	全 称	晋阳调味品批发市场									
	账 号	0502121609		账 号	03021556356									
	开户银行	中国工商银行太原小店支行		开户银行	中国农业银行太原小店支行									
金额	人民币（大写）：壹拾贰万零陆佰捌拾肆元整				亿	千	百	十	万	千	百	十	元	角	分
								¥	1	2	0	6	8	4	0	0
票据种类	转账支票													

开户银行盖章

71

山西增值税普通发票

发票联

现金付讫

No 00455345

开票日期：2019 年 12 月 12 日

购买方	名　　　　称：益珍源醋业有限公司 纳税人识别号：1401081398 地　址、电　话：太原市龙城大街 626 号　0351-7686688 开户行及账号：中国工商银行太原小店支行　0502121609	密码区	（略）

货物或应税劳务、服务名称	规格型号	单位	数量	单价	金额	税率	税额
*餐饮服务*餐费					493.40	6%	29.60
合计					¥493.40		¥29.60

价税合计（大写）	⊗伍佰贰拾叁元整	（小写）¥523.00

销售方	名　　　　称：迎宾饭店有限责任公司 纳税人识别号：1401084352 地　址、电　话：山西省太原市南中环街 35 号　0351-5227357 开户行及账号：中国农业银行太原分行南中环支行　0308334365	备注	

收款人　章雨凡　　　复核　杨琦　　　开票人　安易同　　　销售方　（章）

72-5-1

自制半成品出库单

发给：二车间　　　　　　　　2019年12月12日　　　　　　　　第 011203 号

品名	单位	数量	单价	金额								用途或原因
				十	万	千	百	十	元	角	分	
散醋	升	73 000										生产散老陈醋

主管　　　　　会计　　　　　保管员　姚远　　　经手人　方秀敏

72－5－2

自制半成品 出 库 单

发给：三车间　　　　　2019 年 12 月 12 日　　　　　第 021207 号

品名	单位	数量	单价	金额							用途或原因
				十	万	千	百	十	元	角	分	
散老陈醋	升	14 190										生产老陈醋 500ml×12瓶/箱
散老陈醋	升	10 008										生产老陈醋 2.4L×6桶/箱

主管　　　　　　会计　　　　　　保管员　姚远　　　　　经手人　方秀敏

72－5－3

自制半成品 出 库 单

单位：四车间　　　　　2019 年 12 月 12 日　　　　　第 021208 号

品名	单位	数量	单价	金额							用途或原因
				十	万	千	百	十	元	角	分	
散老陈醋	升	1 050										生产八珍醋
散老陈醋	升	240										生产口服液

主管　　　　　　会计　　　　　　保管员　姚远　　　　　经手人　方秀敏

72－5－4

产成品 入 库 单

送货单位：四车间　　　　　2019 年 12 月 12 日　　　　　第 30401 号

品名	规格	单位	原送数量	实收数量	单价	金额						
						十	万	千	百	十	元	角	分
八珍醋	500ml×2×3瓶/箱	箱	350	350									
合计													

第二联 会计存

保管员　潘高峰　　　　送货单位负责人　　　　送货人　金涛

72-5-5

产成品入库单

送货单位：四车间　　　　　2019年12月12日　　　　　第40401号

品名	规格	单位	原送数量	实收数量	单价	金额 十万千百十元角分
保健醋口服液	(10ml×10)×12瓶/箱	箱	300	300		
合计						

第二联　会计存

保管员　潘高峰　　　　送货单位负责人　　　　送货人　金涛

73

委托收款凭证（收账通知）　　4

委托日期：2019年12月5日　　　　托收号码：

付款期限：2019年12月10日

付款人	全称	北京正和贸易有限公司糖酒批发部	收款人	全称	益珍源醋业有限公司		
	账号或地址	0402123457		账号	0502121609		
	开户银行	华夏银行北京木樨地支行		开户银行	工行小店支行	行号	
委收金额		人民币（大写）：玖拾捌万元整			千百十万千百十元角分 ¥ 9 8 0 0 0 0 0 0		
款项金额		委托收款凭据名称	商业承兑汇票		附寄单证张数		
备注：			上列款项 1.已全部或回收入你方账号 2.全部未收到　　　　收款人开户盖章 2019年12月10日				

单位主管　　会计　　复核　　记账　　付款人开户银行收到日期　2019年12月11日

74

发票号码：

收 料 单

收料单号：011208

供货单位：雁北粮油贸易有限公司　　2019年12月13日　　收料仓库：1号库

材料类别	名称及规格	单位	应收数量	实收数量	单价	金额
原料及主要材料	高粱	公斤	30 000	30 000	2.31	69 200

记账　　　　　　　　验收　谢德恩　　　　　　　制单　张丽

75

中国工商银行　电汇凭证　（回单）　1

☑普通　□加急　　委托日期：2019年12月13日

汇款人	全　称	益珍源醋业有限公司	收款人	全　称	西山煤业有限公司
	账　号	0502121609		账　号	0504121367
	汇出地点	山西省太原市		汇入地点	山西省太原市/县
	汇出行名称	中国工商银行太原小店支行		汇入行名称	中国工商银行太原万柏林支行

金额	人民币（大写）：壹拾叁万壹仟零肆拾元整	亿 千 百 十 万 千 百 十 元 角 分
		¥　　　　1 3 1 0 4 0 0 0

支付密码

附加信息及用途：

汇出行签章　　　　　　　　　　　　　　复核　　记账

此联汇出行给汇款人的回单

76-4-1

山西省税务局通用机打发票
发票联

开票日期：2019 年 12 月 13 日　　　　　　　　　　　　　　行业分类：制造业

机打代码					
机打号码					
付款单位名称	益珍源醋业有限公司				
付款单位代码	1401081398				
货物或应税劳务、服务名称	规格型号	单位	单价	数量	金额
草帘子		个	8.00	300	2 400.00
大写合计	贰仟肆佰元整	合计		￥2 400.00	
收款单位名称（章）	晋源镇草编制品厂	纳税人识别号		1405082453	
备注					

开票人：张一飞　　　　　　　　　　　　　　收款人：王玲

（第一联　发票联（购货单位付款凭证）（手开无效））

76-4-2

中国工商银行
转账支票存根(晋)
ⅩⅣ00000000

附加信息 _____
_____
_____

出票日期 2019 年 12 月 13 日

收款人：	晋源镇草编制品厂
金　额：	2 400.00
用　途：	购货款

单位主管　　会计

76-4-3

低值易耗品 入 库 单

送货单位：晋源镇草编制品厂　　　2019 年 12 月 13 日　　　第 051202 号

品名	规格	单位	原送数量	实收数量	单价	金额							
						十	万	千	百	十	元	角	分
草帘子		个	300	300	8		¥	2	4	0	0	0	0
合计							¥	2	4	0	0	0	0

保管员　安国平　　　送货单位负责人　　　送货人　唐致远

第二联　会计存

76-4-4

低值易耗品 出 库 单

发给：一车间　　　2019 年 12 月 13 日　　　第 1205002 号

品名	单位	数量	单价	金额							用途或原因
				十	万	千	百	十	元	角	分	
草帘子	个	300	8		¥	2	4	0	0	0	0	生产散醋
合计					¥	2	4	0	0	0	0	

主管　　　会计　　　保管员　安国平　　　经手人　刘涵章

77-3-1

河北增值税专用发票

发票联　　　　　　　　　　　　　　　　　No 00455318

开票日期：2019 年 12 月 11 日

购买方	名　　称：益珍源醋业有限公司 纳税人识别号：1401081398 地　址、电　话：太原市龙城大街 626 号　0351-7686688 开户行及账号：中国工商银行太原小店支行　0502121609	密码区	（略）

货物或应税劳务、服务名称	规格型号	单位	数量	单价	金额	税率	税额
*包装设备*自动液体灌装机		台	1	110 000.00	110 000.00	13%	14 300.00
合计					¥110 000.00		¥14 300.00

价税合计（大写）	⊗壹拾贰万肆仟叁佰元整　　　　（小写）¥124 300.00

销售方	名　　称：金龙灌装机械设备有限公司 纳税人识别号：1401067459 地　址、电　话：石家庄市解放路 28 号　0311-4637378 开户行及账号：中国工商银行石家庄解放路支行　0602134567	备注	

收款人　龙菲　　　复核　安晓红　　　开票人　魏峰　　　销售方（章）

第三联　发票联　购买方记账凭证

77-3-2

固定资产移交验收单

购买日期：2019 年 12 月 13 日

资产名称	型号	数量	单价	资产使用部门	备注
自动液体灌装机		1	110 000.00	三车间	

验收人：张策　　　　　　　　　　　　　　　　　　　　采购人：韩冰

77-3-3

中国工商银行　电汇凭证　（回单）　1

☑普通　□加急　　委托日期：2019年12月13日

汇款人	全　称	益珍源醋业有限公司	收款人	全　称	金龙灌装机械设备有限公司
	账　号	0502121609		账　号	0602134567
	汇出地点	山西省太原 市/县		汇入地点	河北省石家庄市/县
	汇出行名称	中国工商银行太原小店支行		汇入行名称	中国工商银行石家庄解放路支行

金额	人民币（大写）：柒万肆仟叁佰元整	亿 千 百 十 万 千 百 十 元 角 分
		¥ 7 4 3 0 0 0 0

支付密码

附加信息及用途：

汇出行签章

复核　　记账

此联汇出行给汇款人的回单

78-2-1

领　料　单

领料单位：一车间（制醋车间）　　2019年12月13日　　第 010107 号

编号	品名	规格	单位	请领数量	实发数量	单价	金额	备注
	高粱		公斤	14 500	14 500			
	大曲		公斤	5 285	5 285			
	麸皮		公斤	14 430	14 430			
	谷糠		公斤	14 430	14 430			
领料用途	生产散醋					合计		

供应部门负责人　　发料　　领料 姜建伟　　制单 李旭光　　领料部门负责人

第三联　会计凭证

78-2-2

领 料 单

领料单位：一车间（制醋车间）　　2019 年 12 月 13 日　　第 010108 号

编号	品名	规格	单位	请领数量	实发数量	单价	金额	备注
	食盐		公斤	1 410	1 410			
	糖化酶		公斤	193	193			
领料用途	生产散醋					合计		

供应部门负责人　　　发料　　　领料 姜建伟　　　制单 李旭光　　　领料部门负责人

第三联　会计凭证

79-4-1

自制半成品 入 库 单

送货单位：一车间　　　2019 年 12 月 13 日　　　第 120107 号

品名	规格	单位	原送数量	实收数量	单价	金额							
						十	万	千	百	十	元	角	分
散醋		升	36 650	36 650									
合计													

保管员 周之礼　　　送货单位负责人　　　送货人 任成城

第二联　会计存

79-4-2

自制半成品 入 库 单

送货单位：二车间　　　2019 年 12 月 13 日　　　第 120204 号

品名	规格	单位	原送数量	实收数量	单价	金额							
						十	万	千	百	十	元	角	分
散老陈醋		升	48 500	48 500									
合计													

保管员 姚远　　　送货单位负责人　　　送货人 魏唐

第二联　会计存

79-4-3

产成品入库单

送货单位：三车间　　　　　2019年12月13日　　　　　第10306号

品名	规格	单位	原送数量	实收数量	单价	金额 十万千百十元角分
老陈醋	500ml×12瓶/箱	箱	2 365	2 365		
合计						

保管员　潘高峰　　　　送货单位负责人　　　　送货人　余鑫

第二联　会计存

79-4-4

产成品入库单

送货单位：三车间　　　　　2019年12月13日　　　　　第20306号

品名	规格	单位	原送数量	实收数量	单价	金额 十万千百十元角分
老陈醋	2.4L×6桶/箱	箱	695	695		
合计						

保管员　潘高峰　　　　送货单位负责人　　　　送货人　余鑫

第二联　会计存

80-3-1

山西省税务局通用机打发票

发票联

开票日期：2019年12月14日　　　　　　　行业分类：制造业

机打代码	
机打号码	
付款单位名称	益珍源醋业有限公司
付款单位代码	1401081398

货物或应税劳务、服务名称	规格型号	单位	单价	数量	金额
麸皮		公斤	1.56	13 000	20 280.00
大写合计	贰万零贰佰捌拾元整		合计		￥20 280.00
收款单位名称（章）	太原面粉三厂		纳税人识别号		1405082387
备注					

开票人：李菲　　　　　　　　　　　收款人：杨帆

第一联　发票联（购货单位付款凭证）（手开无效）

80-3-2

发票号码：

供货单位：太原面粉三厂

收 料 单

2019 年 12 月 14 日

收料单号：011209

收料仓库：1号库

材料类别	名称及规格	单位	应收数量	实收数量	单价	金额
原料及主要材料	麸皮	公斤	13 000	13 000	1.56	20 280

记账　　　　　　　　　验收　谢德恩　　　　　　　　制单　张丽

80-3-3

中国工商银行
转账支票存根(晋)
ⅩⅣ00000000
附加信息 _____
_____
_____

出票日期　2019 年 12 月 14 日

收款人：太原面粉三厂

金　额：20 280.00

用　途：购货款

单位主管　　　会计

81－3－1

山西增值税专用发票

记 账 联

No 00325224

开票日期：2019 年 12 月 14 日

购买方	名　　　称：恒山果子园贸易有限公司 纳税人识别号：140178453 地　址、电　话：恒山果子园街 45 号　0352－7326806 开户行及账号：中国银行恒山支行　05021556456	密码区	（略）

货物或应税劳务、服务名称	规格型号	单位	数量	单价	金额	税率	税额
*调味品*老陈醋	500ml×12 瓶/箱	箱	500	72.00	36 000.00	13%	4 680.00
*调味品*老陈醋	2.4L×6 桶/箱	箱	200	150.00	52 500.00	13%	6 825.00
合计					¥88 500.00		¥11 505.00

价税合计（大写）	⊗壹拾万零伍元整	（小写）¥100 005.00

销售方	名　　　称：益珍源醋业有限公司 纳税人识别号：1401081398 地　址、电　话：太原市龙城大街 626 号　0351－7686688 开户行及账号：中国工商银行太原小店支行　0502121609	备注	

收款人　张静文　　　复核　杨芸　　　开票人　夏子兰　　　销售方　（章）

81－3－2

出 库 单

发给：恒山果子园贸易有限公司　　2019 年 12 月 14 日　　第 1512013 号

品名	单位	数量	单价	金额							用途或原因
				十万	千	百	十	元	角	分	
老陈醋 500ml×12 瓶/箱	箱	500									销售
老陈醋 2.4L×6 桶/箱	箱	350									

主管　　　　　会计　　　　　保管员　姜波　　　经手人　王海涛

81－3－3

中国工商银行 进账单 （收账通知） 3

2019年12月14日

收款人	全 称	益珍源醋业有限公司	付款人	全 称	恒山果子园贸易有限公司
	账 号	0502121609		账 号	05021556456
	开户银行	中国工商银行太原小店支行		开户银行	中国银行恒山支行

金额	人民币（大写）：壹拾万零伍元整	亿 千 百 十 万 千 百 十 元 角 分
		￥ 1 0 0 0 0 5 0 0

票据种类	银行汇票

开户银行盖章

82－3－1

山西增值税普通发票

发票联　　　　　　　　　　　　　　No 00455345

开票日期：2019 年 12 月 12 日

购买方	名　　　称：益珍源醋业有限公司 纳税人识别号：1401081398 地址、电话：太原市龙城大街 626 号　0351－7686688 开户行及账号：中国工商银行太原小店支行　0502121609	密码区	（略）

货物或应税劳务、服务名称	规格型号	单位	数量	单价	金额	税率	税额
*汽油*97#汽油		升	3 000	7.50	19 911.50	13%	2 588.50
合计					￥19 911.50		￥2 588.50

价税合计（大写）	⊗贰万贰仟伍佰元整	（小写）￥22 500.00

销售方	名　　　称：中国石油小店加油站 纳税人识别号：1407066323 地址、电话：山西省太原市南中环街 65 号　0351－5228735 开户行及账号：中国农业银行太原分行南中环支行　0308334365	备注	

收款人　陆飞　　　复核　杨易　　　开票人　陈彤　　　销售方　（章）

82－3－2

山西省高速公路车辆通行费用专用收据

山西省财政厅监制

车类：客车	车货总量（吨）：
车号：34765	超限重量（吨）：
工号：56	通行费（元）：280.00
入口：长风	出口：古店
日期：2019 年 12 月 6 日	

手工填写无效

偿还贷款　　　报销凭证

山西省高速公路车辆通行费用专用收据

山西省财政厅监制

车类：客车	车货总量（吨）：
车号：34765	超限重量（吨）：
工号：56	通行费（元）：280.00
入口：古店	出口：长风
日期：2019 年 12 月 9 日	

手工填写无效

偿还贷款　　　报销凭证

82－3－3

山西省税务局通用定额发票

发 票 联

发票代码：214011461202

发票号码：0417564

密码：

伍元整

（加盖发票专用章有效）

山西省新唐明印业有限公司 2019 年 1 月印 90 000 本

山西省税务局通用定额发票

发 票 联

发票代码：214011461345

发票号码：0417238

密码：

壹拾元整

（加盖发票专用章有效）

山西省新唐明印业有限公司 2019 年 1 月印 90 000 本

83-2-1

领 料 单

领料单位：三车间　　　　2019 年 12 月 14 日　　　　第 020309 号

编号	品名	规格	单位	请领数量	实发数量	单价	金额	备注
	玻璃瓶		套	56 940	56 940			
	商标		套	56 940	56 940			
	纸箱		个	4 745	4 745			
领料用途	生产老陈醋 500ml×12瓶/箱					合计		

供应部门负责人　　　发料　　　领料 杨辰曦　　　制单 王丽华　　　领料部门负责人

第三联　会计凭证

83-2-2

领 料 单

领料单位：三车间　　　　2019 年 12 月 14 日　　　　第 020310 号

编号	品名	规格	单位	请领数量	实发数量	单价	金额	备注
	2.4L塑料桶		套	8 310	8 310			
	纸箱		个	1 385	1 385			
领料用途	生产老陈醋 2.4L×6桶/箱					合计		

供应部门负责人　　　发料　　　领料 杨辰曦　　　制单 王丽华　　　领料部门负责人

第三联　会计凭证

84

自制半成品出库单

发给：三车间　　　　2019 年 12 月 14 日　　　　第 021209 号

品名	单位	数量	单价	金额							用途或原因
				十	万	千	百	十	元	角	分
散老陈醋	升	14 250									生产老陈醋 500ml×12瓶/箱
散老陈醋	升	9 936									生产老陈醋 2.4L×6桶/箱

主管　　　　会计　　　　保管员 姚远　　　　经手人 方秀敏

85-4-1

固定资产出售审批表（简表）

固定资产名称	桑塔纳小轿车	开始使用日期	2016年10月
使用单位	公司办公室	数量	1
资产原值	132 000	累计折旧	112 000
已提减值		账面净值	20 000
是否已办理闲置审批	否		
出售情况说明	接近报废年限。交换低值易耗品对公司有利。 经办人 杨金发 2019年12月13日		
审批意见	同意。 审批人 周长海 2019年12月15日		

85-4-2

山西增值税专用发票

记账联

No 00325615

开票日期：2019年12月15日

购买方	名　称：新阳镇制陶厂 纳税人识别号：1407066543 地　址、电话：新阳镇向阳村　0352-7622346 开户行及账号：中国农业银行恒山支行　0502142637	密码区	（略）

货物或应税劳务、服务名称	规格型号	单位	数量	单价	金额	税率	税额
*机动车*桑塔纳小轿车		辆	1		21 359.22	3%	640.78
合计					￥21 359.22		￥640.78

价税合计（大写）	⊗贰万贰仟整	（小写）￥22 000.00	

销售方	名　称：益珍源醋业有限公司 纳税人识别号：1401081398 地　址、电话：太原市龙城大街626号　0351-7686688 开户行及账号：中国工商银行太原小店支行　0502121609	备注	

收款人 张静文　　复核 杨芸　　开票人 夏子兰　　　销售方（章）

85-4-3

山西省国家税务局通用机打发票
发票联

开票日期：2019年12月15日　　　　　　　　　行业分类　批发与零售业

机打代码					
机打号码					
付款单位名称	益珍源醋业有限公司				
付款单位代码	1401081398				
货物或应税劳务、服务名称	规格型号	单位	单价	数量	金额
大缸		个	100	220	22 000.00
金额大写合计	贰万贰仟元整		合计		￥22 000.00
收款单位名称（章）	新阳镇制陶厂		纳税人识别号		1401081476
备注					

开票人：王雅　　　　　　　　　　　　　　　　收款人：刘刚

第一联　发票联（购货单位付款凭证）（手开无效）

85-4-4

低值易耗品 入 库 单

送货单位：新阳镇制陶厂　　　　2019年12月15日　　　　第 051203 号

品名	规格	单位	原送数量	实收数量	单价	金额							
						十	万	千	百	十	元	角	分
大缸		个	220	220	100	￥	2	2	0	0	0	0	0
合计						￥	2	2	0	0	0	0	0

保管员　安国平　　　　　送货单位负责人　　　　　送货人　唐致远

第二联　会计存

86-2-1

低值易耗品 出 库 单

发给：一车间　　　　　2019 年 12 月 15 日　　　　　第 120503 号

品名	单位	数量	单价	金额								用途或原因
				十	万	千	百	十	元	角	分	
大缸	个	60	100		¥	6	0	0	0	0	0	发酵用
合计					¥	6	0	0	0	0	0	

主管　　　　　　会计　　　　　　保管员　安国平　　　　经手人　张江

86-2-2

低值易耗品 出 库 单

发给：二车间　　　　　2019 年 12 月 15 日　　　　　第 120504 号

品名	单位	数量	单价	金额								用途或原因
				十	万	千	百	十	元	角	分	
大缸	个	160	100	¥	1	6	0	0	0	0	0	晒制老陈醋
合计				¥	1	6	0	0	0	0	0	

主管　　　　　　会计　　　　　　保管员　安国平　　　　经手人　李自强

87－2－1

山西增值税专用发票

记 账 联　　　　　　　　　　　　　　　No 00325225

开票日期：2019 年 12 月 15 日

购买方	名　　　　称：一百利连锁超市总店 纳税人识别号：140167654 地 址 、电 话：太原市大同路 123 号　0351－7688226 开户行及账号：中国工商银行新银行太原新建路支行 　　　　　　　06021552545	密码区	（略）

货物或应税劳务、服务名称	规格型号	单位	数量	单价	金额	税率	税额
*调味品 * 老陈醋	500ml×12瓶/箱	箱	200	72.00	14 400.00	13%	1 872.00
*调味品 * 老陈醋	2.4L×6桶/箱	箱	100	150.00	15 000.00	13%	1 950.00
合计					￥29 400.00		￥3 822.00

价税合计（大写）	⊗叁万叁仟贰佰贰拾贰元整	（小写）￥33 222.00

销售方	名　　　　称：益珍源醋业有限公司 纳税人识别号：1401081398 地 址 、电 话：太原市龙城大街 626 号　0351－7686688 开户行及账号：中国工商银行太原小店支行　0502121609	备注	

收款人　张静文　　　　　复核　杨芸　　　　开票人　夏子兰　　　　销售方　（章）

第一联　记账联　销售方记账凭证

87－2－2

出 库 单

发给：一百利连锁超市总店　　　　2019 年 12 月 15 日　　　　第 1912014 号

品名	单位	数量	单价	金额								用途或原因
				十	万	千	百	十	元	角	分	
老陈醋 500ml×12瓶/箱	箱	200										销售
老陈醋 2.4L×6桶/箱	箱	100										

主管　　　　　　　会计　　　　　　　保管员　姜波　　　　　经手人　王海涛

88－3－1

领 料 单

领料单位：四车间　　　　　2019 年 12 月 15 日　　　　　第 030404 号

编号	品名	规格	单位	请领数量	实发数量	单价	金额	备注
	人参		公斤	1	1			
	黄芪		公斤	4	4			
	当归		公斤	5	5			
	沙参		公斤	5	5			
领料用途	生产八珍醋					合计		

供应部门负责人　　　发料　　　领料 安国平　　　制单 朱启邦　　　领料部门负责人

第三联 会计凭证

88－3－2

领 料 单

领料单位：四车间　　　　　2019 年 12 月 15 日　　　　　第 030405 号

编号	品名	规格	单位	请领数量	实发数量	单价	金额	备注
	甘草		公斤	6	6			
	白术		公斤	6	6			
	熟地		公斤	2	2			
	红花		公斤	3	3			
领料用途	生产八珍醋					合计		

供应部门负责人　　　发料　　　领料 安国平　　　制单 朱启邦　　　领料部门负责人

第三联 会计凭证

88－3－3

领 料 单

领料单位：四车间　　　　　2019 年 12 月 15 日　　　　　第 030406 号

编号	品名	规格	单位	请领数量	实发数量	单价	金额	备注
	苦荞麦		公斤	100	100			
领料用途	生产保健醋口服液					合计		

供应部门负责人　　　发料　　　领料 安国平　　　制单 朱启邦　　　领料部门负责人

第三联 会计凭证

89－3－1

自制半成品 入 库 单

送货单位：一车间　　　　　2019 年 12 月 15 日　　　　　第 120108 号

品名	规格	单位	原送数量	实收数量	单价	金额							
						十	万	千	百	十	元	角	分
散醋		升	36 750	36 750									
合计													

保管员　周之礼　　　　送货单位负责人　　　　送货人　任成城

第二联　会计存

89－3－2

产 成 品 入 库 单

送货单位：三车间　　　　　2019 年 12 月 15 日　　　　　第 10307 号

品名	规格	单位	原送数量	实收数量	单价	金额							
						十	万	千	百	十	元	角	分
老陈醋	500ml×12瓶/箱	箱	2 375	2 375									
合计													

保管员　潘高峰　　　　送货单位负责人　　　　送货人　余鑫

第二联　会计存

89－3－3

产 成 品 入 库 单

送货单位：三车间　　　　　2019 年 12 月 15 日　　　　　第 20307 号

品名	规格	单位	原送数量	实收数量	单价	金额							
						十	万	千	百	十	元	角	分
老陈醋	2.4L×6桶/箱	箱	690	690									
合计													

保管员　潘高峰　　　　送货单位负责人　　　　送货人　余鑫

第二联　会计存

90－2－1

山西增值税专用发票

发票联　　　　　　　　　　　　　　　　　No 00455659

开票日期：2019 年 12 月 16 日

购买方	名　　称：益珍源醋业有限公司 纳税人识别号：1401081398 地址、电话：太原市龙城大街 626 号　0351－7686688 开户行及账号：中国工商银行太原小店支行　0502121609	密码区	（略）

货物或应税劳务、服务名称	规格型号	单位	数量	单价	金额	税率	税额
*加工盐*食盐		公斤	10 000	0.95	9 500.00	9%	855.00
合计					¥9 500.00		¥855.00

价税合计（大写）	⊗壹万零叁佰伍拾伍元整	（小写）¥10 355.00

销售方	名　　称：太原市盐业公司 纳税人识别号：140107846 地址、电话：太原市长治路 8 号　0351－7553484 开户行及账号：中国工商银行太原长治路支行　0504123567	备注	

收款人　侯军　　　复核　陶宁　　　开票人　王强　　　销售方　（章）

90－2－2

收 料 单

发票号码：No 00455659　　　　　　　　　　　　　　　　　收料单号：011210

供货单位：太原市盐业公司　　　2019 年 12 月 16 日　　　收料仓库：1 号库

材料类别	名称及规格	单位	应收数量	实收数量	单价	金额
原料及主要材料	食盐	公斤	10 000	10 000	0.95	9 500

记账　　　　　　　验收　谢德恩　　　　　　制单　张丽

91-3-1

山西增值税专用发票

记账联

No 00325226

开票日期：2019 年 12 月 16 日

购买方	名　　称：武汉江汉调味品贸易有限公司 纳税人识别号：310114666 地址、电话：武汉市汉阳区鹦鹉大道46号　027-82216445 开户行及账号：中国工商银行武汉麒麟路支行　3202171001	密码区	（略）

货物或应税劳务、服务名称	规格型号	单位	数量	单价	金额	税率	税额
*调味品*老陈醋	500ml×12瓶/箱	箱	5 000	72.00	360 000.00	13%	46 800.00
合计					¥360 000.00		¥46 800.00

价税合计（大写）	⊗肆拾万零陆仟捌佰元整	（小写）¥406 800.00

销售方	名　　称：益珍源醋业有限公司 纳税人识别号：1401081398 地址、电话：太原市龙城大街626号　0351-7686688 开户行及账号：中国工商银行太原小店支行　0502121609	备注	

收款人　张静文　　　复核　杨芸　　　开票人　夏子兰　　　销售方　（章）

91-3-2

出库单

发给　武汉江汉调味品贸易有限公司　　　2019 年 12 月 16 日　　　第 1512015 号

品名	单位	数量	单价	金额									用途或原因
				十	万	千	百	十	元	角	分	
老陈醋500ml×12瓶/箱	箱	5 000										销售

主管　　　　会计　　　　保管员　姜波　　　经手人　王海涛

91-3-3

中国工商银行 进账单 （收账通知）　　3

2019 年 12 月 16 日

收款人	全 称	益珍源醋业有限公司	付款人	全 称	武汉江汉调味品贸易有限公司
	账 号	0502121609		账 号	3202171001
	开户银行	中国工商银行太原小店支行		开户银行	中国工商银行武汉麒麟路支行

金额	人民币（大写）：肆拾万零陆仟捌佰元整	亿 千 百 十 万 千 百 十 元 角 分
		¥　　　4 0 6 8 0 0 0 0

票据种类	银行汇票

开户银行盖章

92-5-1

天津增值税专用发票

发 票 联　　　　　　　　　　　　　　No 0024357

开票日期：2019 年 12 月 16 日

购买方	名　　　称：益珍源醋业有限公司 纳税人识别号：1401081398 地　址、电　话：太原市龙城大街 626 号　0351-7686688 开户行及账号：中国工商银行太原小店支行　0502121609	密码区	（略）

货物或应税劳务、服务名称	规格型号	单位	数量	单价	金额	税率	税 额
*研发和技术服务 *测试费					20 000.00	6%	1 200.00
*鉴证咨询服务 *咨询费					10 000.00	6%	600.00
合计					¥ 30 000.00		¥ 1 800.00

价税合计（大写）	⊗叁万壹仟捌佰元整	（小写）¥ 31 800.00

销售方	名　　　称：天津调味品研究所 纳税人识别号：12011660 地　址、电　话：天津市河东区新建路 15 号　022-24322562 开户行及账号：中国农业银行天津河东区支行　17096901	备注	

收款人　张文　　复核　夏洁　　开票人　丁凝　　销售方（章）

92－5－2

中国工商银行　信汇凭证　（回单）　1

委托日期　2019 年 12 月 16 日

汇款人	全　称	益珍源醋业有限公司	收款人	全　称	天津调味品研究所
	账　号	0502121609		账　号	1709690023
	汇出地点	山西省太原市/县		汇入地点	天津市河东区
汇出行名称		中国工商银行太原小店支行	汇入行名称		中国农业银行天津河东区支行
金额	人民币（大写）：叁万壹仟捌佰元整			亿千百十万千百十元角分 ¥ 3 1 8 0 0 0 0 0	

支付密码

附加信息及用途：

汇出行签章　　　　　　　　复核　　记账

此联汇出行给汇款人的回单

92－5－3

山西省税务局通用机打发票
发票联

开票日期:2019 年 12 月 15 日　　　行业分类　生活服务业

机打代码		机打号码				
付款单位名称		益珍源醋业有限公司				
项目	单位	单价		数量	金额	
住宿费					3 000.00	备注
合计					¥ 3 000.00	
大写合计	人民币：叁仟元整					
收款方（章）	钱江大酒店		纳税人识别号		1401045329	

开票人：许凤　　　　　　　　　　　　　　收款人：刘倩

第一联　发票联（购货单位付款凭证）（手开无效）

92－5－4

山西省税务局通用机打发票
发票联

开票日期:2019 年 12 月 15 日　　　　　　　　行业分类　生活服务业

机打代码		机打号码			
付款单位名称		益珍源醋业有限公司			
项目	单位	单价	数量	金额	
餐费				2 600.00	备注
合计				￥2 600.00	
大写合计	人民币：贰仟陆佰元整				
收款方（章）	钱江大酒店		纳税人识别号	1401045329	

开票人：许凤　　　　　　　　　　　　　　　　　　　收款人：刘倩

第一联　发票联（购货单位付款凭证）（手开无效）

92－5－5

中国工商银行
转账支票存根(晋)
ⅩⅣ00000000

附加信息
_____
_____
_____

出票日期　2019 年 12 月 16 日

| 收款人：钱江大酒店 |
| 金　额：5 600.00 |
| 用　途：招待费 |

单位主管　　会计

93－2－1

领 料 单

领料单位：四车间　　　　　　2019 年 12 月 16 日　　　　　　第 020311 号

编号	品名	规格	单位	请领数量	实发数量	单价	金额	备注
	陶瓷瓶		个	2 100	2 100			
	纸盒		个	1 050	1 050			
	商标		套	2 100	2 100			
	纸箱		个	350	350			
领料用途	生产八珍醋 500ml×2×3瓶/箱					合计		

供应部门负责人　　　　发料　　　　领料 杨辰曦　　　　制单 王丽华　　　　领料部门负责人

第三联　会计凭证

93－2－2

领 料 单

领料单位：四车间　　　　　　2019 年 12 月 16 日　　　　　　第 020312 号

编号	品名	规格	单位	请领数量	实发数量	单价	金额	备注
	口服液瓶		个	24 000	24 000			
	纸盒		个	2 400	2 400			
	手提袋		个	400	400			
	纸箱		个	200	200			
领料用途	生产保健醋口服液（10ml×10）×12瓶/箱					合计		

供应部门负责人　　　　发料　　　　领料 杨辰曦　　　　制单 王丽华　　　　领料部门负责人

第三联　会计凭证

94－2－1

自制半成品出库单

发给：二车间　　　　　　2019 年 12 月 16 日　　　　　　第 011204 号

品名	单位	数量	单价	十	万	千	百	十	元	角	分	用途或原因
散醋	升	73 500										生产散老陈醋

主管　　　　会计　　　　保管员 周之礼　　　　经手人 张晓林

94-2-2

自制半成品出库单

发给：三车间　　　　　　2019年12月16日　　　　　　第021210号

品名	单位	数量	单价	金额 十 万 千 百 十 元 角 分	用途或原因
散老陈醋	升	14 220			生产老陈醋 500ml×12瓶/箱
散老陈醋	升	10 008			生产老陈醋 2.4L×6桶/箱

主管　　　　　会计　　　　　保管员　姚远　　　　　经手人　方秀敏

95-3-1

山西增值税专用发票

发票联　　　　　　　　　　　　　　　No 00455212

开票日期：2019年12月17日

购买方	名　　　　称：益珍源醋业有限公司 纳税人识别号：1401081398 地址、电话：太原市龙城大街626号　0351-7686688 开户行及账号：中国工商银行太原小店支行　0502121609	密码区	（略）
货物或应税劳务、服务名称	规格型号	单位	数量	单价	金额	税率	税额
*纸制品*纸箱（老陈醋500ml）		个	17 000	2.20	37 400.00	13%	4 862.00
*纸制品*纸箱（老陈醋2.4L）		个	6 000	2.40	14 400.00	13%	1 872.00
合计					¥51 800.00		¥6 734.00
价税合计（大写）	⊗伍万捌仟伍佰叁拾肆元整				（小写）¥58 534.00		
销售方	名　　　　称：凯祥彩色包装有限公司 纳税人识别号：1401098976 地址、电话：榆次市八一路28号　0354-7337378 开户行及账号：中国工商银行榆次八一路支行　6222020502	备注	

收款人　柳园　　　复核　刘源　　　开票人　冯一凡　　　销售方（章）

95－3－2

发票号码：No 00455212

收 料 单

收料单号：021208

供货单位：凯祥彩色包装有限公司　　2019年12月17日　　收料仓库：2号库

材料类别	名称及规格	单位	应收数量	实收数量	单价	金额
包装材料 （老陈醋500ml×12瓶/箱）	纸箱	个	17 000	17 000	2.20	37 400
包装材料 （老陈醋2.4L×6桶/箱）	纸箱	个	6 000	6 000	2.40	14 400

记账　　　　　　　　验收　牛广元　　　　　　　制单　张娟

95－3－3

中国工商银行　信汇凭证（回单）　1

委托日期：2019年12月17日

汇款人	全　称	益珍源醋业有限公司	收款人	全　称	凯祥彩色包装有限公司
	账　号	0502121609		账　号	6222020502
	汇出地点	山西省太原市/县		汇入地点	山西省榆次市
	汇出行名称	中国工商银行太原小店支行		汇入行名称	中国农业银行天津河东区支行

金额	人民币（大写）：柒万肆仟叁佰叁拾伍元肆角整	亿 千 百 十 万 千 百 十 元 角 分
		¥　　　　7 4 3 3 5 4 0

支付密码

附加信息及用途：

汇出行签章

复核　　记账

此联汇出行给汇款人的回单

96－3－1

山西增值税专用发票

记 账 联

No 00325227

开票日期：2019 年 12 月 17 日

购买方	名　　　称：晋城糖酒批发公司 纳税人识别号：140514666 地　址　、电　话：山西省晋城市丰台西街　0356－2095356 开户行及账号：中国工商银行晋城凤台街支行　3202145981	密码区	（略）

货物或应税劳务、服务名称	规格型号	单位	数量	单价	金额	税率	税额
*调味品 * 老陈醋	500ml×12瓶/箱	箱	2 000	72.00	144 000.00	13%	18 720.00
合计					¥144 000.00		¥18 720.00

价税合计（大写）	⊗壹拾陆万贰仟柒佰贰拾元整　　　　（小写）¥162 720.00

销售方	名　　　称：益珍源醋业有限公司 纳税人识别号：1401081398 地　址　、电　话：太原市龙城大街626号　0351－7686688 开户行及账号：中国工商银行太原小店支行　0502121609	备注	

收款人　张静文　　　复核　杨芸　　　开票人　夏子兰　　　销售方　（章）

96－3－2

出 库 单

发给：晋城糖酒批发公司　　　2019 年 12 月 17 日　　　第 1512016 号

品名	单位	数量	单价	金额 十万 千 百 十 元 角 分	用途或原因
老陈醋 500ml×12瓶/箱	箱	2 000			销售

主管　　　　　会计　　　　　保管员　姜波　　　　　经手人　王海涛

96－3－3

中国工商银行　进账单　（收账通知）　3

2019年12月17日

收款人	全称	益珍源醋业有限公司	付款人	全称	晋城糖酒批发公司
	账号	0502121609		账号	3202145981
	开户银行	中国工商银行太原小店支行		开户银行	中国工商银行晋城凤台街支行

金额	人民币（大写）：壹拾陆万贰仟柒佰贰拾元整	亿 千 百 十 万 千 百 十 元 角 分
		¥　　　1 6 2 7 2 0 0 0

票据种类	银行汇票

开户银行盖章

97

中国工商银行　贴现凭证　（收账通知）　4

填写日期：2019年12月17日　　第 3002350017 号

贴现汇票	种类	银行承兑汇票	号码	4374	申请人	全称	益珍源醋业有限公司		
	发票日	2019年9月17日				账号	0502121609		
	到期日	2020年3月17日				开户行	中国工商银行太原小店支行		
汇票承兑人（或银行）	名称	石家庄调味品批发公司			账号	02121636	开户银行	中国银行石家庄新华街支行	
汇票金额（即贴现金额）	人民币（大写）捌拾万元整					千 百 十 万 千 百 十 元 角 分			
						¥ 8 0 0 0 0 0 0 0			
贴现率	9%	贴现利率	千 百 十 万 千 百 十 元 角 分		实付贴现金额	千 百 十 万 千 百 十 元 角 分			
			¥ 1 8 0 0 0 0 0			¥ 7 8 2 0 0 0 0 0			

上述金额已入你单位账户。
此致

银行盖章
2019 年 12 月 17 日

备注：

98-2-1

领 料 单

领料单位：一车间（制醋车间）　　2019年12月17日　　第 010109 号

编号	品名	规格	单位	请领数量	实发数量	单价	金额	备注
	高粱		公斤	14 800	14 800			
	大曲		公斤	5 395	5 395			
	麸皮		公斤	14 740	14 740			
	谷糠		公斤	14 740	14 740			
领料用途	生产散醋				合计			

供应部门负责人　　　发料　　　领料 姜建伟　　　制单 李旭光　　　领料部门负责人

第三联　会计凭证

98-2-2

领 料 单

领料单位：一车间（制醋车间）　　2019年12月17日　　第 010110 号

编号	品名	规格	单位	请领数量	实发数量	单价	金额	备注
	食盐		公斤	1 430	1 430			
	酵母		公斤	130	130			
	花料		公斤	12	12			
领料用途	生产散醋				合计			

供应部门负责人　　　发料　　　领料 姜建伟　　　制单 李旭光　　　领料部门负责人

第三联　会计凭证

99-4-1

自制半成品入库单

送货单位：一车间　　　2019年12月17日　　　第 120109 号

品名	规格	单位	原送数量	实收数量	单价	金额							
						十万	万	千	百	十	元	角	分
散醋		升	36 610	36 610									
合计													

保管员 周之礼　　　送货单位负责人　　　送货人 任成城

第二联　会计存

99-4-2

自制半成品 入 库 单

送货单位：二车间　　　　2019 年 12 月 17 日　　　　第 120205 号

品名	规格	单位	原送数量	实收数量	单价	金额							
						十	万	千	百	十	元	角	分
散老陈醋		升	48 500	48 500									
合计													

保管员　姚远　　　　送货单位负责人　　　　送货人　魏唐

第二联　会计存

99-4-3

产成品 入 库 单

送货单位：三车间　　　　2019 年 12 月 17 日　　　　第 10308 号

品名	规格	单位	原送数量	实收数量	单价	金额							
						十	万	千	百	十	元	角	分
老陈醋	500ml×12瓶/箱	箱	2 370	2 370									
合计													

保管员　潘高峰　　　　送货单位负责人　　　　送货人　余鑫

第二联　会计存

99-4-4

产成品 入 库 单

送货单位：三车间　　　　2019 年 12 月 17 日　　　　第 20308 号

品名	规格	单位	原送数量	实收数量	单价	金额							
						十	万	千	百	十	元	角	分
老陈醋	2.4L×6桶/箱	箱	695	695									
合计													

保管员　潘高峰　　　　送货单位负责人　　　　送货人　余鑫

第二联　会计存

100-3-1

山西增值税专用发票

发票联　　　　　　　　　　　　　　　　No 00328651

开票日期：2019 年 12 月 18 日

购买方	名　　称：益珍源醋业有限公司 纳税人识别号：1401081398 地　址、电　话：太原市龙城大街 626 号　0351-7686688 开户行及账号：中国工商银行太原小店支行　0502121609	密码区	（略）

货物或应税劳务、服务名称	规格型号	单位	数量	单价	金额	税率	税额
*非金属矿物制品*玻璃瓶		个	200 000	0.70	140 000.00	13%	18 200.00
合计					￥140 000.00		￥18 200.00

价税合计（大写）	⊗壹拾伍万捌仟贰佰元整	（小写）￥158 200.00

销售方	名　　称：琳琅玻璃制品有限公司 纳税人识别号：1401065472 地　址、电　话：祁县大众路 38 号　0354-6577378 开户行及账号：中国银行祁县支行　0392020502	备注	

收款人　张超　　　　复核　谭正　　　　开票人　李娟　　　　销售方（章）

100-3-2

收 料 单

发票号码：№ 00328651　　　　　　　　　　　　　　　　　　收料单号：021209

供货单位：琳琅玻璃制品有限公司　　2019 年 12 月 18 日　　收料仓库：2 号库

材料类别	名称及规格	单位	应收数量	实收数量	单价	金额
包装材料 （老陈醋500ml×12瓶/箱）	玻璃瓶	个	200 000	200 000	0.70	140 000

记账　　　　　　　验收　牛广元　　　　　　制单　张娟

100-3-3

中国工商银行　信汇凭证　（回单）　1

委托日期　2019年12月18日

汇款人	全称	益珍源醋业有限公司	收款人	全称	琳琅玻璃制品有限公司
	账号	0502121609		账号	0392020502
	汇出地点	山西省太原市/县		汇入地点	山西省祁县
	汇出行名称	中国工商银行太原小店支行		汇入行名称	中国银行祁县支行

金额	人民币（大写）：壹拾伍万捌仟贰佰元整	亿 千 百 十 万 千 百 十 元 角 分
		￥　　1 5 8 2 0 0 0 0

支付密码

附加信息及用途：

汇出行签章　　　　　　复核　　记账

此联汇出行给汇款人的回单

101-2-1

山西增值税专用发票

记账联　　　　　　　　　　　　　　　　No 00325228

开票日期：2019年12月18日

购买方	名　称：龙城机场服务部 纳税人识别号：140114653 地　址、电话：山西省太原市太榆路23号　0351-7895356 开户行及账号：中国工商银太原小店支行　05202145981	密码区	（略）

货物或应税劳务、服务名称	规格型号	单位	数量	单价	金额	税率	税额
*调味品*老陈醋	500ml×12瓶/箱	箱	100	72.00	7 200.00	13%	936.00
*调味品*老陈醋	2.4L×6桶/箱	箱	60	150.00	9 000.00	13%	1 170.00
合计					￥16 200.00		￥2 106.00

价税合计（大写）	⊗壹万捌仟叁佰零陆元整	（小写）￥18 306.00

销售方	名　称：益珍源醋业有限公司 纳税人识别号：1401081398 地　址、电话：太原市龙城大街626号　0351-7686688 开户行及账号：中国工商银行太原小店支行　0502121609	备注	

收款人　张静文　　　复核　杨芸　　　开票人　夏子兰　　　销售方（章）

第一联　记账联　销售方记账凭证

101－2－2

出 库 单

发给：龙城机场服务部　　　2019年12月18日　　　第1912017号

品名	单位	数量	单价	金额								用途或原因
				十	万	千	百	十	元	角	分	
老陈醋500ml×12瓶/箱	箱	100										销售
老陈醋2.4L×6桶/箱	箱	60										

主管　　　　　　会计　　　　　保管员 姜波　　　经手人 王海涛

102

山西省非税收入通用票据　　现金付讫

缴款单位：益珍源醋业有限公司　　2019年12月3日　　缴款方式：现金

项目编码	项目名称	计费单位	计费数量	收费标准	金额
	培训费				4 300.00
合计	（小写） ¥4 300.00				
金额合计	（大写） 肆仟叁佰元整				
备注					

收费单位：山西农业大学职业技能培训中心　　（公章）　主管：　　收款人（盖章）：张华

103－2－1

领 料 单

领料单位：三车间　　　2019年12月18日　　　第020313号

编号	品名	规格	单位	请领数量	实发数量	单价	金额	备注
	玻璃瓶		套	56 820	56 820			
	商标		套	56 820	56 820			
	纸箱		个	4 735	4 735			
领料用途	生产老陈醋500ml×12瓶/箱					合计		

供应部门负责人　　　发料　　　领料 杨辰曦　　　制单 王丽华　　　领料部门负责人

103－2－2

领 料 单

领料单位：三车间　　　　2019年12月18日　　　　第020314号

编号	品名	规格	单位	请领数量	实发数量	单价	金额	备注
	2.4L塑料壶		套	8 340	8 340			
	纸箱		个	1 390	1 390			
领料用途	生产老陈醋 2.4L×6桶/箱					合计		

供应部门负责人　　　发料　　　领料 杨辰曦　　　制单 王丽华　　　领料部门负责人

第三联　会计凭证

104

自制半成品出库单

发给：三车间　　　　2019年12月18日　　　　第021211号

品名	单位	数量	单价	金额									用途或原因
				十	万	千	百	十	元	角	分		
散老陈醋	升	14 280										生产老陈醋 500ml×12瓶/箱
散老陈醋	升	9 936										生产老陈醋 2.4L×6桶/箱

主管　　　　　会计　　　　　保管员 姚远　　　　　经手人 方秀敏

105

中国工商银行山西省分行签发银行本票
申 请 书(存根)　1

申请日期：2019年12月19日　　　　第　号

受款单位或个人名称　博信塑料制品有限公司　　　　本票号码

申请签发本票金额（大写）壹拾万元

　　　　　　　　　申请人名称　益珍源醋业有限公司

　　　　　　　　　申请人地址（或账号）　太原市龙城大街626号

申请人签章　　　银行出纳　　　复核　　　记账　　　验印

此联由申请人签发单位或个人留存，代替记账凭证

106－5－1

山西增值税专用发票

发 票 联　　　　　　　　　　　　　　　　No 00432269

开票日期：2019 年 12 月 19 日

购买方	名　　称：益珍源醋业有限公司 纳税人识别号：1401081398 地址、电话：太原市龙城大街 626 号　0351－7686688 开户行及账号：中国工商银行太原小店支行　0502121609	密码区	（略）

货物或应税劳务、服务名称	规格型号	单位	数量	单价	金额	税率	税额
*塑料制品*塑料桶	2.4L	个	31 000	2.60	80 600.00	13%	10 478.00
合计					¥80 600.00		¥10 478.00

价税合计（大写）	⊗玖万壹仟零柒拾捌元整　　　　（小写）¥91 078.00

销售方	名　　称：博信塑料制品有限公司 纳税人识别号：1401093471 地址、电话：太原市并州路 278 号　0351－4368378 开户行及账号：中国农业银行太原并州路支行　53010112468	备注	

收款人　范芬　　　复核　孟飞龙　　　开票人　郝龙　　　销售方　（章）

106－5－2

中国工商银行本票存根

本票号码：

地名：太原市

收款人：博信塑料制品有限公司

金额：50 000.00

用　　途　购货款

科　　目（借）＿＿＿＿＿＿＿

对方科目（贷）＿＿＿＿＿＿＿

出票日期：2019 年 12 月 19 日

出纳　　　复核　　　经办

106－5－3

中国工商银行本票存根

本票号码：
地　名：太原市
收款人：博信塑料制品有限公司
金额：50 000.00
用　途　购货款
科　目（借）_____
对方科目（贷）_____
出票日期：2019 年 12 月 19 日

出纳　　复核　　经办

106－5－4

中国工商银行　**进账单**　（收账通知）　3

2019年12月19日

收款人	全　称	益珍源醋业有限公司	付款人	全　称	博信塑料制品有限公司
	账　号	0502121609		账　号	53010112468
	开户银行	中国工商银行太原小店支行		开户银行	中国农业银行太原并州路支行

金额	人民币（大写）：捌仟玖佰贰拾贰元整	亿 千 百 十 万 千 百 十 元 角 分
		￥　　　　　8 9 2 2 0 0

票据种类	转账支票

开户银行盖章

106-5-5

发票号码：No 00432269

供货单位：博信塑料制品有限公司

收 料 单

2019 年 12 月 19 日

收料单号：021210

收料仓库：2号库

材料类别	名称及规格	单位	应收数量	实收数量	单价	金额
包装材料 （老陈醋2.4L×6桶/箱）	2.4L塑料桶	个	31 000	31 000	2.60	80 600

记账　　　　　　　　验收　牛广元　　　　　　　制单　张娟

107-3-1

山西增值税专用发票

记 账 联

No 00325229

开票日期：2019 年 12 月 19 日

购买方	名　　　称：鸿福保健品有限公司 纳税人识别号：140164127 地　址、电　话：太原市和平北路25号　0351-3675432 开户行及账号：中国建设银行太原和平路支行　06021556357	密码区	（略）

货物或应税劳务、服务名称	规格型号	单位	数量	单价	金额	税率	税额
*调味品*八珍醋		箱	270	225.00	60 750.00	13%	7 897.50
*调味品*保健醋口服液		箱	200	180.00	36 000.00	13%	4 680.00
合计					¥96 750.00		¥12 577.50

价税合计（大写）	⊗壹拾万零玖仟叁佰贰拾柒元伍角整　　　（小写）　¥109 327.50

销售方	名　　　称：益珍源醋业有限公司 纳税人识别号：1401081398 地　址、电　话：太原市龙城大街626号　0351-7686688 开户行及账号：中国工商银行太原小店支行　0502121609	备注	

收款人　张静文　　　复核　杨芸　　　开票人　夏子兰　　　销售方　（章）

第一联　记账联　销售方记账凭证

107－3－2

出 库 单

发给：鸿福保健品有限公司　　2019年12月19日　　第1912018号

品名	单位	数量	单价	金额									用途或原因
				十	万	千	百	十	元	角	分	
八珍醋	箱	270										销售
保健醋口服液	箱	200										

主管　　　　会计　　　　保管员　姜波　　　　经手人　王海涛

107－3－3

中国工商银行　进账单　（收账通知）　3

2019年12月19日

收款人	全 称	益珍源醋业有限公司	付款人	全 称	鸿福保健品有限公司	金额										
	账 号	0502121609		账 号	06021556357											
	开户银行	中国工商银行太原小店支行		开户银行	中国建设银行太原和平支行											

金额	人民币（大写）：壹拾万零玖仟叁佰贰拾柒元伍角整	亿	千	百	十	万	千	百	十	元	角	分
					¥	1	0	9	3	2	7	5	0

票据种类	转账支票
票据张数	1
复核	记账

开户银行盖章

此联是开户银行交给持（出）票人的回单

108

山西省税务局通用机打发票 现金付讫

发票联

开票日期：2019年12月19日　　　　　　　　　　行业分类：修理修配

机打代码					
机打号码					
付款单位名称	益珍源醋业有限公司					
付款单位代码	1401081398					
货物或应税劳务、服务名称	规格型号	单位	单价	数量	金额
维修费					50.00
大写合计	伍拾元整		合计		50.00
收款单位名称（章）	捷威维修部		纳税人识别号		1401045238
备注					

开票人：许凤飞　　　　　　　　　　　　　　　　收款人：刘倩男

第一联 发票联（购货单位付款凭证）（手开无效）

109－3－1

自制半成品 入 库 单

送货单位：一车间　　　　2019年12月19日　　　第 120110 号

品名	规格	单位	原送数量	实收数量	单价	金额							
						十	万	千	百	十	元	角	分
散醋		升	36 660	36 660									
合计													

保管员　周之礼　　　　送货单位负责人　　　　送货人　任成城

第二联 会计存

109-3-2

产成品入库单

送货单位：三车间　　　　　2019 年 12 月 19 日　　　　　第 10309 号

品名	规格	单位	原送数量	实收数量	单价	金额							
						十	万	千	百	十	元	角	分
老陈醋	500ml×12瓶/箱	箱	2 380	2 380									
合计													

保管员　潘高峰　　　　　送货单位负责人　　　　　送货人　余鑫

第二联　会计存

109-3-3

产成品入库单

送货单位：三车间　　　　　2019 年 12 月 19 日　　　　　第 20309 号

品名	规格	单位	原送数量	实收数量	单价	金额							
						十	万	千	百	十	元	角	分
老陈醋	2.4L×6桶/箱	箱	690	690									
合计													

保管员　潘高峰　　　　　送货单位负责人　　　　　送货人　余鑫

第二联　会计存

110-4-1

山东增值税专用发票

发票联 No 00387291

开票日期：2019 年 12 月 17 日

购买方	名　　　称：益珍源醋业有限公司 纳税人识别号：1401081398 地　址、电　话：太原市龙城大街 626 号　0351-7686688 开户行及账号：中国工商银行太原小店支行　0502121609	密码区	（略）

货物或应税劳务、服务名称	规格型号	单位	数量	单价	金额	税率	税额
*谷物*高粱		公斤	30 000	2.00	60 000.00	9%	5 400.00
合计					¥60 000.00		¥5 400.00

价税合计（大写）	⊗陆万伍仟肆佰元整	（小写）¥65 400.00

销售方	名　　　称：嘉禾佳农贸有限公司 纳税人识别号：37010690 地　址、电　话：山东省高密市益安大道　0536-2127345 开户行及账号：中国农业银行高密支行　2502121347	备注	

收款人　杨雨　　　复核　刘慧　　　开票人　吴文佳　　　销售方　（章）

110-4-2

山东增值税专用发票

发票联 No 00453268

开票日期：2019 年 12 月 17 日

购买方	名　　　称：益珍源醋业有限公司 纳税人识别号：1401081398 地　址、电　话：太原市龙城大街 626 号　0351-7686688 开户行及账号：中国工商银行太原小店支行　0502121609	密码区	（略）

货物或应税劳务、服务名称	规格型号	单位	数量	单价	金额	税率	税额
*运输服务*运输费					9 000.00	9%	810.00
合计					¥9 000.00		¥810.00

价税合计（大写）	⊗玖仟捌佰壹拾元整	（小写）¥9 810.00

销售方	名　　　称：灵龙物流有限公司 纳税人识别号：437010690 地　址、电　话：山东省高密市康城大街 37 号　0536-2124357 开户行及账号：中国建设银行高密支行　1346090205	备注	起运地：高密 到达地：太原市 车型车号：货车 运输货物信息：高粱

收款人　刘玉平　　　复核　张一帆　　　开票人　章月　　　销售方　（章）

110-4-3

收 料 单

发票号码：　　　　　　　　　　　　　　　　　　　　收料单号：011211
供货单位：嘉禾佳农贸有限公司　　2019年12月20日　　收料仓库：1号库

材料类别	名称及规格	单位	应收数量	实收数量	单价	金额
原料及主要材料	高粱	公斤	30 000	30 000	2.30	69 000

记账　　　　　　　验收　谢德恩　　　　　　制单　张丽

110-4-4

商业承兑汇票（卡片）　　1

出票日期：2019年12月20日　　汇票号码

收款人	全 称	嘉禾佳农贸有限公司	付款人	全 称	益珍源醋业有限公司										
	账 号	2502121347		账 号	0502121609										
	开户银行	中国农业银行高密支行		开户银行	中国工商银行太原小店支行										
出票金额		人民币（大写）：柒万伍仟贰佰壹拾元整			亿	千	百	十	万	千	百	十	元	角	分
						¥	7	5	2	1	0	0	0		
汇票到期日（大写）			付款人开户行	行号											
交易合同号码				地址											
			备注：												
		出票人签章													

此联承兑人存查

111-3-1

山西增值税专用发票

记账联　　　　　　　　　　　　　　　No 00325230

开票日期：2019 年 12 月 20 日

购买方	名　　称：安阳金鼎贸易有限公司 纳税人识别号：33038171 地　址、电　话：河南省安阳市文昌路 26 号　0372-2566923 开户行及账号：中国工商银行安阳支行　59021455641	密码区	（略）

货物或应税劳务、服务名称	规格型号	单位	数量	单价	金额	税率	税额
*调味品*老陈醋	500ml×12瓶	箱	3 000	72.00	216 000.00	13%	28 080.00
*调味品*老陈醋	2.4L×6桶	箱	1 000	150.00	150 000.00	13%	19 500.00
合计					￥366 000.00		￥47 580.00

价税合计（大写）　　⊗肆拾壹万叁仟伍佰捌拾元整　　　　（小写）￥413 580.00

销售方	名　　称：益珍源醋业有限公司 纳税人识别号：140181398 地　址、电　话：太原市龙城大街 626 号　0351-7686688 开户行及账号：中国工商银行太原小店支行　0502121609	备注	

收款人　张静文　　　复核　杨芸　　　开票人　夏子兰　　　销售方（章）

第一联　记账联　销售方记账凭证

111-3-2

出　库　单

发给：安阳金鼎贸易有限公司　　　2019 年 12 月 20 日　　　第 1912019 号

品名	单位	数量	单价	金额 十万千百十元角分	用途或原因
老陈醋 500ml×12瓶/箱	箱	3 000			销售
老陈醋 2.4L×6桶/箱	箱	1 000			

主管　　　　会计　　　　保管员　姜波　　　经手人　王海涛

111-3-3

中国工商银行 进账单 （收账通知） 3

2019 年 12 月 20 日

收款人	全 称	益珍源醋业有限公司	付款人	全 称	安阳金鼎贸易有限公司
	账 号	0502121609		账 号	59021455641
	开户银行	中国工商银行太原小店支行		开户银行	中国工商银行安阳支行

金额	人民币（大写）：肆拾壹万叁仟伍佰捌拾元整	亿 千 百 十 万 千 百 十 元 角 分
		￥ 4 1 3 5 8 0 0 0

票据种类	银行汇票	
		开户银行盖章

112-2-1

山西增值税专用发票

发票联

No 00387572

开票日期：2019 年 12 月 20 日

购买方	名 称：益珍源醋业有限公司 纳税人识别号：1401081398 地 址、电 话：太原市龙城大街 626 号　0351-7686688 开户行及账号：中国工商银行太原小店支行　0502121609	密码区	（略）

货物或应税劳务、服务名称	规格型号	单位	数量	单价	金额	税率	税额
*会议展览服务*展览费			1		8 000.00	6%	480.00
合计					￥8 000.00		￥480.00

价税合计（大写）	⊗捌仟肆佰捌拾元整	（小写）￥8 480.00

销售方	名 称：北方食品展览有限公司 纳税人识别号：1401045361 地 址、电 话：山西省太原市人民路 45 号　0351-2127345 开户行及账号：民生银行太原小店支行　2502121347	备注	

收款人　许凤飞　　复核　刘慧夏　　开票人　吴文　　销售方　（章）

112－2－2

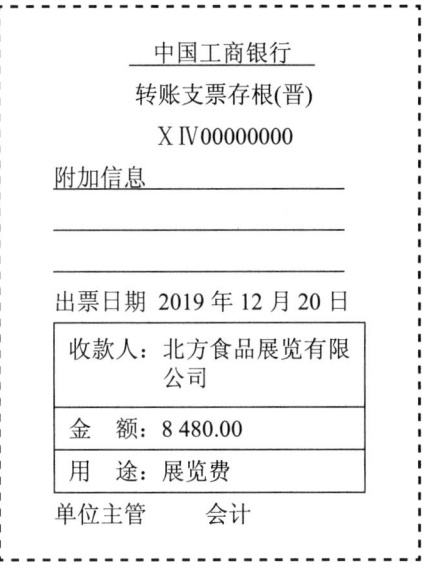

中国工商银行　转账支票存根(晋)
ⅩⅣ00000000

附加信息 _____

出票日期 2019 年 12 月 20 日

| 收款人：北方食品展览有限公司 |
| 金　额：8 480.00 |
| 用　途：展览费 |

单位主管　　会计

113

中国工商银行　网上银行电子回单

电子回单号码：

付款人	户名	益珍源醋业有限公司	收款人	户名	中国银河证券太原桃园营业部
	账号	0502121609		账号	06808121634
	开户银行	中国工商银行太原小店支行		开户银行	中国工商银行迎泽支行
金额	人民币（大写）：贰佰万元整			￥2 000 000.00	
摘要	投资保证金		业务（产品）种类	转账	
用途		证券投资			
交易流水号	00023265		时间戳	2019-12-20	
备注：缴款人：	券别：	张数：	券别：	张数：	
	券别：	张数：	券别：	张数：	
验证码：					
记账网点	36069	记账柜员	0015	记账日期	2019-12-20

打印日期：2019 年 12 月 20 日

114-4-1

自制半成品 出 库 单

发给：二车间　　　　2019 年 12 月 20 日　　　　第 011205 号

品名	单位	数量	单价	金额 十	万	千	百	十	元	角	分	用途或原因
散醋	升	73 500										生产散老陈醋

主管　　　　会计　　　　保管员　周之礼　　　经手人　张晓林

114-4-2

自制半成品 出 库 单

发给：三车间　　　　2019 年 12 月 20 日　　　　第 021212 号

品名	单位	数量	单价	金额 十	万	千	百	十	元	角	分	用途或原因
散老陈醋	升	14 130										生产老陈醋 500ml×12瓶/箱
散老陈醋	升	10 080										生产老陈醋 2.4L×6桶/箱

主管　　　　会计　　　　保管员　姚远　　　经手人　方秀敏

114-4-3

产 成 品 入 库 单

送货单位：四车间　　　　2019 年 12 月 20 日　　　　第 30402 号

品名	规格	单位	原送数量	实收数量	单价	金额 十	万	千	百	十	元	角	分
八珍醋	500ml×2×3瓶/箱	箱	350	350									
合计													

第二联 会计存

保管员　潘高峰　　　　送货单位负责人　　　　送货人　金涛

114-4-4

产成品入库单

送货单位：四车间　　　　　2019年12月20日　　　　　第40402号

品名	规格	单位	原送数量	实收数量	单价	金额 十万 千 百 十 元 角 分
保健醋口服液	(10ml×10)×12瓶/箱	箱	200	200		
合计						

第二联　会计存

保管员　潘高峰　　　　送货单位负责人　　　　送货人　金涛

115-3-1

山西增值税专用发票

发票联　　　　　　　　　　　No 00453452
　　　　　　　　　　　　　开票日期：2019年12月21日

购买方	名　　　　称：益珍源醋业有限公司 纳税人识别号：1401081398 地址、电话：太原市龙城大街626号　0351-7686688 开户行及账号：中国工商银行太原小店支行　0502121609	密码区	（略）

货物或应税劳务、服务名称	规格型号	单位	数量	单价	金额	税率	税额
*食品添加剂*大曲		公斤	14 000	3.90	54 600.00	13%	7 098.00
合计					￥54 600.00		￥7 098.00

价税合计（大写）	⊗陆万壹仟陆佰玖拾捌元整　　　　（小写）￥61 698.00

销售方	名　　　　称：久源生物工程有限公司 纳税人识别号：1401035039 地址、电话：太原市长治路218号　0351-7590378 开户行及账号：招商银行太原高新区支行　0127590336	备注	

收款人　肖文　　　复核　刘玲　　　开票人　王凤　　　销售方（章）

第三联　发票联　购买方记账凭证

115-3-2

发票号码：№ 00453452

供货单位：久源生物工程有限公司

收 料 单

2019 年 12 月 21 日

收料单号：011212

收料仓库：1号库

材料类别	名称及规格	单位	应收数量	实收数量	单价	金额
原料及主要材料	大曲	公斤	14 000	14 000	3.90	54 600

记账　　　　　　　验收　谢德恩　　　　　　　制单　张丽

115-3-3

中国工商银行　　网上银行电子回单

电子回单号码：

付款人	户名	益珍源醋业有限公司	收款人	户名	久源生物工程有限公司		
	账号	0502121609		账号	0127590336		
	开户银行	中国工商银行太原小店支行		开户银行	招商银行太原高新区支行		
金额	人民币（大写）：陆万壹仟陆佰玖拾捌元整					￥61 698.00	
摘要	购买大曲			业务（产品）种类		跨行发报	
用途	原料款						
交易流水号	00023000			时间戳		2019-12-21	
备注:							
缴款人：	券别：		张数：	券别：		张数：	
	券别：		张数：	券别：		张数：	
验证码：							
记账网点	36069	记账柜员	0016	记账日期		2019-12-21	

打印日期：2019 年 12 月 21 日

116－2－1

21/12/19　　　　　　　　　　**成交过户交割单**　　　　　　　　　　买

股东编号	40100039268	成交证券	网维通讯
电脑编号		成交数量	200 000
户　　名	益珍源醋业有限公司	成交价格	6.00
申报编号	218117	成交金额	1 200 000.00
申报时间	11:05:25	佣　　金	1 800.00
成交时间	11:06:31	过户费	120.00
上次余额		印花税	
本次成交	200 000	应付金额	1 201 920.00
本次余额	200 000	附加费用	
本次库存	200 000	实付金额	1 201 920.00

通知联

经办单位：中国银河证券太原桃园营业部　　　　　　客户签章：

116－2－2

中国银河证券太原桃园营业部股票明细对账单

对账期间：2019年12月21日-2019年12月21日

资金账号：40100039268　　　　　户　　名：益珍源醋业有限公司

股票市值：1 200 000.00　　　　　资金余额：1 066 805.00

总 资 产：2 266 805.00　　　　　资金可用：1 066 805.00

资金流水明细

发生日期	摘要	证券代码	证券名称	成交股数	成交价格	总发生额	证券市值
2019.12.21	买入	603298	网维通讯	200 000	6.00	1 201 920	1 200 000
合计							1 200 000

117-4-1

山西增值税专用发票

发 票 联　　　　　　　　　　　　　　No 00376239

开票日期：2019 年 12 月 21 日

购买方	名　　称：益珍源醋业有限公司 纳税人识别号：1401081398 地　址、电　话：太原市龙城大街 626 号　0351-7686688 开户行及账号：中国工商银行太原小店支行　0502121609	密码区	（略）

货物或应税劳务、服务名称	规格型号	单位	数量	单价	金额	税率	税额
*橡胶制品*防酸碱乳胶劳保手套		副	30	30	900.00	13%	117.00
合计					¥900.00		¥117.00

价税合计（大写）	⊗壹仟零壹拾柒元整　　　　　（小写）¥1 017.00

销售方	名　　称：平安劳保用品服务部 纳税人识别号：1401054276 地　址、电　话：太原市新华街 123 号　0351-4634567 开户行及账号：华夏银行太原新华街支行　401081325	备注	

收款人　袁媛　　　复核　张峰　　　开票人　李志林　　　销售方　（章）

117-4-2

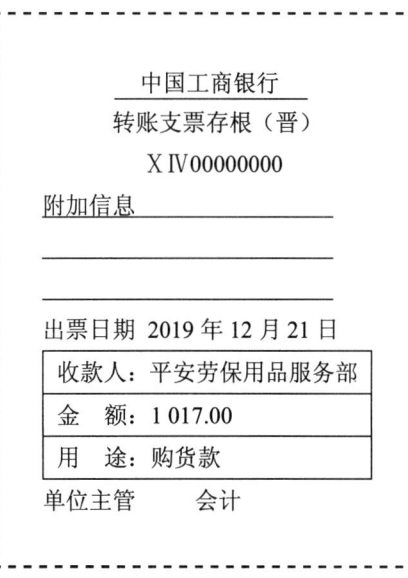

117-4-3

低值易耗品 入 库 单

送货单位：平安劳保用品服务部　　2019年12月21日　　第051204号

品名	规格	单位	原送数量	实收数量	单价	金额								
						十	万	千	百	十	元	角	分
乳胶手套		副	30	30	30			¥	9	0	0	0	0
合计								¥	9	0	0	0	0

第二联　会计存

保管员　安国平　　　送货单位负责人　　　送货人　向远征

117-4-4

低值易耗品 出 库 单

发给：四车间　　2019年12月21日　　第120505号

品名	单位	数量	单价	金额							用途或原因
				十	万	千	百	十	元	角	分	
乳胶手套	副	30	30			¥	9	0	0	0	0	生产用
合计						¥	9	0	0	0	0	

主管　　　会计　　　保管员　安国平　　　经手人　秦勇

118-3-1

12月份银行借款利息费用计算分配表

2019年12月　　　　　　　　　　　　　单位：元

	计息项目	起息日	结息日	本金	年利率	利息
短期借款	流动资金借款	11.21	12.20	9 600 000	4.86%	38 880
长期借款	一车间更新改造借款	11.21	12.20	11 000 000	6%	55 000
	3号仓库专门借款	12.1	12.20	1 000 000	6%	3 333.33
合计						97 213.33

主管　　　　　　审核　　　　　　制表

118-3-2

中国工商银行　利息清单

币别：人民币　　　　　　　2019 年 12 月 21 日　　　　　　流水号：

户名：益珍源醋业有限公司				账号	1004560088	
计息项目	起息日	结息日	本金/积数	利率	利　息	
短期借款	9.21	12.20	9 600 000	4.86%	116 640	
长期借款	9.21	12.20	12 000 000	6%	168 333.33	
			165 000			
合计(大写)	贰拾捌万肆仟玖佰柒拾叁元叁角叁分				￥284 973.33	
				银行签章		

第二联　客户回单

会计主管　　　　授权　　　　复核　梁小然　　　录入　霍晶晶

118-3-3

中国工商银行
存款利息通知单（收账通知）　　3

2019 年 12 月 21 日

存款账户户名：益珍源醋业有限公司	账号：0502121609
利息计息期间：2019.9.21-2019.12.20	左列存款利息已收入你单位账户。
利息金额（大写）叁仟捌佰玖拾元整　　￥3 890.00	
附记：	开户银行签章
会计　　事后监督　　复核　张晓莲　　制单　王玉娟	2019 年 12 月 21 日

119－2－1

领 料 单

领料单位：一车间 （制醋车间）　　　2019 年 12 月 21 日　　　第 010111 号

编号	品名	规格	单位	请领数量	实发数量	单价	金额	备注
	高粱		公斤	14 600	14 600			
	大曲		公斤	5 320	5 320			
	麸皮		公斤	14 720	14 720			
	谷糠		公斤	14 720	14 720			
领料用途	生产散醋					合计		

供应部门负责人　　　发料　　　领料 姜建伟　　　制单 李旭光　　　领料部门负责人

第三联　会计凭证

119－2－2

领 料 单

领料单位：一车间 （制醋车间）　　　2019 年 12 月 21 日　　　第 010112 号

编号	品名	规格	单位	请领数量	实发数量	单价	金额	备注
	食盐		公斤	1 420	1 420			
领料用途	生产散醋					合计		

供应部门负责人　　　发料　　　领料 姜建伟　　　制单 李旭光　　　领料部门负责人

第三联　会计凭证

120－4－1

自制半成品 入 库 单

送货单位：一车间　　　2019 年 12 月 21 日　　　第 120111 号

品名	规格	单位	原送数量	实收数量	单价	金额							
						十万	万	千	百	十	元	角	分
散醋		升	36 700	36 700									
合计													

保管员 周之礼　　　送货单位负责人　　　送货人 任成城

第二联　会计存

120-4-2

自制半成品入库单

送货单位：二车间　　　　2019 年 12 月 21 日　　　　第 120206 号

品名	规格	单位	原送数量	实收数量	单价	金额							
						十	万	千	百	十	元	角	分
散老陈醋		升	49 500	49 500									
合计													

保管员　姚远　　　　送货单位负责人　　　　送货人　魏唐

第二联　会计存

120-4-3

产成品入库单

送货单位：三车间　　　　2019 年 12 月 21 日　　　　第 10310 号

品名	规格	单位	原送数量	实收数量	单价	金额							
						十	万	千	百	十	元	角	分
老陈醋	500ml×12瓶/箱	箱	2 355	2 355									
合计													

保管员　潘高峰　　　　送货单位负责人　　　　送货人　余鑫

第二联　会计存

120-4-4

产成品入库单

送货单位：三车间　　　　2019 年 12 月 21 日　　　　第 20310 号

品名	规格	单位	原送数量	实收数量	单价	金额							
						十	万	千	百	十	元	角	分
老陈醋	2.4L×6桶/箱	箱	700	700									
合计													

保管员　潘高峰　　　　送货单位负责人　　　　送货人　余鑫

第二联　会计存

121-3-1

山西省税务局通用机打发票
发票联

开票日期：2019年12月19日　　　　　　　　　　　　　　　　行业分类：制造业

机打代码					
机打号码					
付款单位名称		益珍源醋业有限公司			
付款单位代码		1401081398			
货物或应税劳务、服务名称	规格型号	单位	单价	数量	金额
麸皮		公斤	1.26	45 000	56 700.00
大写合计	伍万陆仟柒佰元整		合计		56 700.00
收款单位名称（章）	金穗粮食加工厂		纳税人识别号		3101045361
备注					

开票人：许飞　　　　　　　　　　　　　　　　收款人：刘倩

121-3-2

山西增值税专用发票
发票联

No 00453278

开票日期：2019年12月19日

购买方	名　称：益珍源醋业有限公司 纳税人识别号：1401081398 地址、电话：太原市龙城大街626号　0351-7686688 开户行及账号：中国工商银行太原小店支行　0502121609	密码区	（略）

货物或应税劳务、服务名称	规格型号	单位	数量	单价	金额	税率	税额
*运输服务*运输费					13 500.00	9%	1 215.00
合计					￥13 500.00		￥1 215.00

价税合计（大写）	⊗壹万肆仟柒佰壹拾伍元整	（小写）￥14 715.00	

销售方	名　称：飞跃物流有限公司 纳税人识别号：437010690 地址、电话：山西省右玉县解放大街47号　0349-2124634 开户行及账号：中国农业银行右玉县支行　1346090652	备注	起运地：右玉 到达地：太原 车型车号：货车 运输货物信息：麸皮

收款人　刘浩　　　复核　张梦洁　　　开票人　李培先　　　销售方（章）

121-3-3

发票号码：

收 料 单

收料单号：011213

供货单位：金穗粮食加工厂　　　2019年12月22日　　　收料仓库：1号库

材料类别	名称及规格	单位	应收数量	实收数量	单价	金额
原料及主要材料	麸皮	公斤	45 000	45 000	1.56	70 200

记账　　　　　　　验收　谢德恩　　　　　　制单　张丽

122-2-1

山西增值税专用发票

记 账 联　　　　　　　　　　　　　　　　No 00325231

开票日期：2019年12月22日

购买方	名　　　　称：一百利连锁超市总店 纳税人识别号：140167654 地址、电话：太原市大同路123号　0351-3568791 开户行及账号：中国工商银行新银行太原新建路支行 06021552545	密码区	（略）

货物或应税劳务、服务名称	规格型号	单位	数量	单价	金额	税率	税　额
*调味品*老陈醋	500ml×12瓶/箱	箱	200	72.00	14 400.00	13%	1 872.00
*调味品*老陈醋	2.4L×6桶/箱	箱	150	150.00	22 500.00	13%	2 925.00
合计					¥ 36 900.00		¥ 4 797.00

价税合计（大写）	⊗肆万壹仟陆佰玖拾柒元整	（小写）¥ 41 697.00

销售方	名　　　　称：益珍源醋业有限公司 纳税人识别号：1401081398 地址、电话：太原市龙城大街626号　0351-7686688 开户行及账号：中国工商银行太原小店支行　0502121609	备注	

收款人　张静文　　　复核　杨芸　　　开票人　夏子兰　　　销售方　（章）

122－2－2

出 库 单

发给：一百利连锁超市总店　　2019 年 12 月 22 日　　第 1512020 号

品名	单位	数量	单价	金额									用途或原因
				十万	万	千	百	十	元	角	分	
老陈醋 500ml×12 瓶/箱	箱	200										销售
老陈醋 2.4L×6 桶/箱	箱	150										

主管　　　　　会计　　　　　保管员　姜波　　　　经手人　王海涛

123－5－1

差旅费报销单

2019 年 12 月 22 日　　　　　附单据 3 张

出差人	蒋旭光		事由		市场调查			
起点	太原		起止日		从 12 月 11 日 至 12 月 20 日　共计 9 天			
日期	到达地	天数	城市间交通费	住宿费	伙食补助费	市内交通费	其他	小计
12.11	武汉	9	1 570	2 968	720	540		
合计			1 570	2 968	720	540		5 798.00

报销金额（大写）： 伍仟柒佰玖拾捌元整 （小写）￥5 798.00			预借金额	0
收款人名称：蒋旭光	收款账号：	08121634068	报销金额	5 798.00
部室负责人	侯勇	财务经理　郭佳　　报销人　蒋旭光	结余/超支	0

会计：曹雯　　　　　　复核：　　　　　　　　　　　　出纳：黎平

注：限于篇幅，本笔业务略去了"市内交通费"凭证。

123－5－2

航空运输电子客票行程单

顾客姓名 蒋旭光			有效身份证件号码：（略）				签注 E			
自 FORM 太原至TO 武汉	承运人 南方航空	航班号 CZ6464	座位 等级	日期 11/12	时间 12:55 -14.10	客票级别/ 客票类别 经济舱	客票生效 日期 11/12	有效截止 日期 11/12	免费行李 无
	票价 FARE 804.00		民航发展基金		燃油附 加费	其他税费	合计 804.00			
电子客票号码（略）			验证码			提示信息		保险费		
销售单位代号（略）			填开单位：中国南方航空公司					填开日期		

123－5－3

航空运输电子客票行程单

顾客姓名 蒋旭光			有效身份证件号码：（略）				签注 E			
自 FORM 武汉至TO 太原	承运人 南方航空	航班号 CZ6288	座位 等级	日期 20/12	时间 12:10 -13.50	客票级别/ 客票类别 经济舱	客票生效 日期 20/12	有效截止 日期 20/12	免费行李 无
	票价 FARE 766.00		民航发展基金		燃油附 加费	其他税费	合计 766.00			
电子客票号码（略）			验证码			提示信息		保险费		
销售单位代号（略）			填开单位：中国南方航空公司					填开日期		

123-5-4

湖北增值税专用发票

发票联　　　　　　　　　　　　　　　　　No 00453872

开票日期：2019 年 12 月 20 日

购买方	名　　称：益珍源醋业有限公司 纳税人识别号：1401081398 地　址、电　话：太原市龙城大街 626 号　0351-7686688 开户行及账号：中国工商银行太原小店支行　0502121609	密码区	（略）

货物或应税劳务、服务名称	规格型号	单位	数量	单价	金额	税率	税额
*住宿服务*房费		天	8	350	2 800.00	6%	168.00
合计					¥2 800.00		¥168.00

价税合计（大写）	⊗贰仟玖佰陆拾捌元整	（小写）¥2 968.00

销售方	名　　称：武汉君怡大酒店 纳税人识别号：420103271 地　址、电　话：湖北省武汉市汉阳大街 47 号　027-2124634 开户行及账号：汉口银行汉阳支行　1346090652	备注	

收款人　刘浩东　　复核　张洁　　开票人　李飞　　销售方　（章）

123-5-5

中国工商银行　网上银行电子回单

电子回单号码：

付款人	户名	益珍源醋业有限公司	收款人	户名	蒋旭光
	账号	0502121609		账号	08121634068
	开户银行	中国工商银行太原小店支行		开户银行	中国工商银行太原新建路支行
金额	人民币（大写）：伍仟柒佰玖拾捌元整			¥5 798.00	
摘要	报销差旅费		业务（产品）种类	转账	
用途					
交易流水号	00023000		时间戳	2019-12-22	
	备注：				
	缴款人	券别：	张数：	券别：	张数：
		券别：	张数：	券别：	张数：
	验证码：				
记账网点	36069	记账柜员	0016	记账日期	2019-12-22

打印日期：2019 年 12 月 22 日

124-2-1

领 料 单

领料单位：三车间　　　　　2019年12月22日　　　　　第020315号

编号	品名	规格	单位	请领数量	实发数量	单价	金额	备注
	玻璃瓶		套	56 820	56 820			
	商标		套	56 820	56 820			
	纸箱		个	4 735	4 735			
领料用途	生产老陈醋 500ml×12瓶/箱					合计		

供应部门负责人　　　发料　　　领料 杨辰曦　　　制单 王丽华　　　领料部门负责人

第三联　会计凭证

124-2-2

领 料 单

领料单位：三车间　　　　　2019年12月22日　　　　　第020316号

编号	品名	规格	单位	请领数量	实发数量	单价	金额	备注
	2.4L塑料桶		套	8 370	8 370			
	纸箱		个	1 395	1 395			
领料用途	生产老陈醋 2.4L×6桶/箱					合计		

供应部门负责人　　　发料　　　领料 杨辰曦　　　制单 王丽华　　　领料部门负责人

第三联　会计凭证

125-2-1

自制半成品出库单

发给：三车间　　　　　2019年12月22日　　　　　第021213号

品名	单位	数量	单价	金额								用途或原因
				十	万	千	百	十	元	角	分	
散老陈醋	升	14 250										生产老陈醋 500ml×12瓶/箱
散老陈醋	升	9 864										生产老陈醋 2.4L×6桶/箱

主管　　　　　会计　　　　　保管员 姚远　　　　　经手人 方秀敏

125－2－2

自制半成品 出 库 单

发给：四车间　　　　　　2019年12月22日　　　　　　第 021214 号

品名	单位	数量	单价	金额								用途或原因
				十	万	千	百	十	元	角	分	
散老陈醋	升	900										生产八珍醋
散老陈醋	升	240										生产口服液

主管　　　　　　会计　　　　　　保管员　姚远　　　　　　经手人　方秀敏

126

中国工商银行　电汇凭证　（回单）　1

□普通　□加急　　委托日期：2019年12月22日

汇款人	全称	益珍源醋业有限公司	收款人	全称	金穗粮食加工厂
	账号	0502121609		账号	0302124325
	汇出地点	山西省太原市/县		汇入地点	山西省右玉市/县
	汇出行名称	中国工商银行太原小店支行		汇入行名称	中国农业银行南阳卧龙支行

金额	人民币（大写）：柒万壹仟肆佰壹拾伍元整	亿	千	百	十	万	千	百	十	元	角	分
					¥	7	1	4	1	5	0	0

支付密码

附加信息及用途：

汇出行签章

复核　　　　记账

此联汇出行给汇款人的回单

127-2-1

山西增值税普通发票

记 账 联

现金收讫

No 00325232

开票日期：2019 年 12 月 23 日

购买方	名　　　称：刘洋 纳税人识别号： 地　址、电　话：太原市桥头街 123 号　0351-4636278 开户行及账号：	密码区	（略）	第一联　记账联　销售方记账凭证

货物或应税劳务、服务名称	规格型号	单位	数量	单价	金额	税率	税额
*调味品*八珍醋		箱	30	225.00	6 750.00	13%	877.50
合计					￥6 750.00		￥877.50

价税合计（大写）	⊗柒仟陆佰贰拾柒元伍角整	（小写）￥7 627.50

销售方	名　　　称：益珍源醋业有限公司 纳税人识别号：1401081398 地　址、电　话：太原市龙城大街 626 号　0351-7686688 开户行及账号：中国工商银行太原小店支行　0502121609	备注

收款人　张静文　　　复核　杨芸　　　开票人　夏子兰　　　销售方　（章）

127-2-2

出　库　单

发给：刘洋　　　2019 年 12 月 23 日　　　第 1912021 号

品名	单位	数量	单价	金额								用途或原因
				十	万	千	百	十	元	角	分	
八珍醋	箱	30										销售

主管　　　　会计　　　　保管员　姜波　　　经手人　王海涛

128

券种明细

券种	金额
壹佰元	7 000
伍拾元	600
拾元	20
伍元	5
贰元	
壹元	2
伍角	0.5
贰角	
壹角	
伍分	
贰分	
壹分	
合计	

中国工商银行

现金缴款单

缴款日期：2019年12月23日

本次交款情况记录
多款　　已退回
少款　　已补收

交款单位	全称	益珍源醋业有限公司	账号	0502121609
	开户银行	中国工商银行太原小店支行	款项来源	销货款

人民币（大写）：柒仟陆佰贰拾柒元伍角整　　￥7 627 5 0

现金收讫　　盖章

出纳复核员　　出纳收款员
会计复核员　　记账员

第三联　银行盖印后退回交款单位

---

129 – 4 – 1

山西增值税专用发票

发票联　　　　　　　　　No 00453562

开票日期：2019 年 12 月 23 日

购买方	名　　称：益珍源醋业有限公司 纳税人识别号：1401081398 地　址、电话：太原市龙城大街 626 号　0351 – 7686688 开户行及账号：中国工商银行太原小店支行　0502121609	密码区	（略）

货物或应税劳务、服务名称	规格型号	单位	数量	单价	金额	税率	税额
*劳务*加工费					2 000.00	13%	260.00
合计					￥2 000.00		￥260.00

价税合计（大写）　　⊗贰仟贰佰陆拾元整　　　　（小写）￥2 260.00

销售方	名　　称：诚品家具厂 纳税人识别号：1401067543 地　址、电话：太原市晋祠路 235 号　0351 – 6637378 开户行及账号：中国银行太原长风西街支行　0212163675	备注	

收款人　韩青　　复核　路亚　　开票人　丁一飞　　销售方（章）

第三联　发票联　购买方记账凭证

129－4－2

```
中国工商银行
转账支票存根(晋)
ⅩⅣ00000000
附加信息 _____
_____
_____
出票日期 2019 年 12 月 23 日
收款人：诚品家具厂
金　额：2 260.00
用　途：加工费
单位主管　　会计
```

129－4－3

低值易耗品 入 库 单

送货单位：诚品家具厂　　　　2019 年 12 月 23 日　　　　第 051205 号

品名	规格	单位	原送数量	实收数量	单价	金额							
						十	万	千	百	十	元	角	分
档案柜		个	6	6	1 000		¥	6	0	0	0	0	0
合计							¥	6	0	0	0	0	0

保管员　安国平　　送货单位负责人　　送货人　唐致远

第二联　会计存

129－4－4

低值易耗品 出 库 单

发给：档案室　　　　2019 年 12 月 23 日　　　　第 120506 号

品名	单位	数量	单价	金额								用途或原因
				十	万	千	百	十	元	角	分	
档案柜	个	6	1 000		¥	6	0	0	0	0	0	档案保管
合计					¥	6	0	0	0	0	0	

主管　　　会计　　　保管员　安国平　　　经手人　刘海玉

130-3-1

领 料 单

领料单位：四车间　　　　　2019 年 12 月 23 日　　　　　第 030407 号

编号	品名	规格	单位	请领数量	实发数量	单价	金额	备注
	甘草		公斤	6	6			
	白术		公斤	6	6			
	熟地		公斤	2	2			
	红花		公斤	3	3			
领料用途	生产八珍醋					合计		

供应部门负责人　　　发料　　　领料　安国平　　制单　朱启邦　　领料部门负责人

第三联　会计凭证

130-3-2

领 料 单

领料单位：四车间　　　　　2019 年 12 月 23 日　　　　　第 030408 号

编号	品名	规格	单位	请领数量	实发数量	单价	金额	备注
	黄芪		公斤	4	4			
	当归		公斤	5	5			
	沙参		公斤	5	5			
领料用途	生产八珍醋					合计		

供应部门负责人　　　发料　　　领料　安国平　　制单　朱启邦　　领料部门负责人

第三联　会计凭证

130-3-3

领 料 单

领料单位：四车间　　　　　2019 年 12 月 23 日　　　　　第 030409 号

编号	品名	规格	单位	请领数量	实发数量	单价	金额	备注
	苦荞麦		公斤	150	150			
领料用途	生产保健醋口服液					合计		

供应部门负责人　　　发料　　　领料　安国平　　制单　朱启邦　　领料部门负责人

第三联　会计凭证

131－3－1

自制半成品入库单

送货单位：一车间　　2019 年 12 月 23 日　　第 120112 号

品名	规格	单位	原送数量	实收数量	单价	金额							
						十	万	千	百	十	元	角	分
散醋		升	36 500	36 500									
合计													

保管员　周之礼　　送货单位负责人　　送货人　任成城

第二联　会计存

131－3－2

产成品入库单

送货单位：三车间　　2019 年 12 月 23 日　　第 10311 号

品名	规格	单位	原送数量	实收数量	单价	金额							
						十	万	千	百	十	元	角	分
老陈醋	500ml×12瓶/箱	箱	2 375	2 375									
合计													

保管员　潘高峰　　送货单位负责人　　送货人　余鑫

第二联　会计存

131－3－3

产成品入库单

送货单位：三车间　　2019 年 12 月 23 日　　第 20311 号

品名	规格	单位	原送数量	实收数量	单价	金额							
						十	万	千	百	十	元	角	分
老陈醋	2.4L×6桶/箱	箱	685	685									
合计													

保管员　潘高峰　　送货单位负责人　　送货人　余鑫

第二联　会计存

132－4－1

山西增值税专用发票

记账联　　　　　　　　　　　　　　　　No 00325233

开票日期：2019 年 12 月 24 日

购买方	名　　称：西安古都酒店集团有限公司 纳税人识别号：610104336 地址、电话：西安市小寨西路 25 号 开户行及账号：中国建设银行西安小寨支行　05021554723				密码区	（略）	
货物或应税劳务、服务名称	规格型号	单位	数量	单价	金额	税率	税额
*调味品*老陈醋	2.4L×6桶/箱	箱	3 000	150.00	450 000.00	13%	58 500.00
合计					￥450 000.00		￥58 500.00
价税合计（大写）	⊗伍拾万零捌仟伍佰元整				（小写）￥508 500.00		
销售方	名　　称：益珍源醋业有限公司 纳税人识别号：1401081398 地址、电话：太原市龙城大街 626 号　0351－7686688 开户行及账号：中国工商银行太原小店支行　0502121609				备注		

收款人　张静文　　　复核　杨芸　　　开票人　夏子兰　　　销售方　（章）

132－4－2

出　库　单

发给：西安古都酒店集团有限公司　　　2019 年 12 月 24 日　　　第 1912022 号

品名	单位	数量	单价	金额							用途或原因
				十万	万	千	百	十	元	角	分	
老陈醋 2.4L×6桶/箱	箱	3 000										销售

主管　　　　　　会计　　　　　保管员　姜波　　　经手人　王海涛

132－4－3

中国工商银行 托收凭证（受理回单） 1

委托日期：2019年12月24日

业务类型		委托收款（□邮划 □电划）		托收承付（☑邮划 □电划）			
付款人	全称	西安古都酒店集团有限公司	收款人	全称	益珍源醋业有限公司		
	账号	05021554723		账号	0502121609		
	地址	陕西省西安市	开户行	工行小寨支行	地址	山西省太原市	开户行	工行小店支行
金额	人民币（大写）：伍拾万零捌仟伍佰元整				亿千百十万千百十元角分 ¥ 5 0 8 5 0 0 0 0		
款项内容	销货款	托收凭据名称	发票、运单	附寄单证张数	3		
商品发运情况		已发货		合同名称号码	购销合同1210		
备注：		款项收妥日期：					
复核 记账			年 月 日	收款人开户银行签章 年 月 日			

此联作收款人开户银行给收款人的受理回单

132－4－4

中国工商银行
转账支票存根(晋)
ⅩⅣ00000000
附加信息
_____
_____

出票日期 2019 年 12 月 24 日

收款人：	好运快运有限公司
金　额：	19 000 .00
用　途：	代垫运费

单位主管　　会计

133-3-1

山西省税务局通用机打发票
发票联

开票日期：2019年12月24日　　　　　　　　　　　　　行业分类：电信业

机打代码	
机打号码	
付款单位名称	益珍源醋业有限公司
付款单位代码	1401081398

货物或应税劳务、服务名称	规格型号	单位	单价	数量	金额
电信基础服务					￥4 150.00
大写合计	肆仟壹佰伍拾元整		合计		￥4 150.00
收款单位名称（章）	中国电信太原分公司		纳税人识别号		1401043876
备注					

开票人：房飞　　　　　　　　　　　　　　　　　收款人：温倩倩

第一联　发票联（购货单位付款凭证）（手开无效）

133-3-2

电话费汇总分配表
2019年12月

车间、部门	金额（元）
一车间	689
二车间	231
三车间	358
四车间	426
公司管理部门	2 446
合计	4 150

133-3-3

```
中国工商银行
转账支票存根(晋)
ⅩⅣ00000000
附加信息ㅤㅤㅤㅤㅤㅤㅤ


出票日期 2019 年 12 月 24 日
收款人：太原电信
金    额：4 150.00
用    途：通信费
单位主管        会计
```

134-2-1

领 料 单

领料单位：四车间　　　　2019年12月24日　　　　第020317号

编号	品名	规格	单位	请领数量	实发数量	单价	金额	备注
	陶瓷瓶		个	1 800	1 800			
	纸盒		个	900	900			
	商标		套	1 800	1 800			
	纸箱		个	300	300			
领料用途	生产八珍醋500ml×2×3瓶/箱						合计	

供应部门负责人　　　发料　　　领料 杨辰曦　　　制单 王丽华　　　领料部门负责人

第三联　会计凭证

134-2-2

领 料 单

领料单位：四车间　　　　　　2019 年 12 月 24 日　　　　　　第 020318 号

编号	品名	规格	单位	请领数量	实发数量	单价	金额	备注
	口服液瓶		个	24 000	24 000			
	纸盒		个	2 400	2 400			
	手提袋		个	400	400			
	纸箱		个	200	200			
领料用途	生产保健醋口服液（10ml×10）×12瓶/箱					合计		

供应部门负责人　　　　发料　　　　领料 杨辰曦　　　制单 王丽华　　　领料部门负责人

第三联 会计凭证

135-2-1

自制半成品 出 库 单

发给：二车间　　　　　　2019年12月24日　　　　　　第 011206 号

品名	单位	数量	单价	金额								用途或原因
				十	万	千	百	十	元	角	分	
散醋	升	73 000										生产散老陈醋

主管　　　　　会计　　　　　保管员 周之礼　　　　经手人 张晓林

135-2-2

自制半成品 出 库 单

发给：三车间　　　　　　2019年12月24日　　　　　　第 021215 号

品名	单位	数量	单价	金额								用途或原因
				十	万	千	百	十	元	角	分	
散老陈醋	升	14 160										生产老陈醋 500ml×12瓶/箱
散老陈醋	升	10 224										生产老陈醋 2.4L×6桶/箱

主管　　　　　会计　　　　　保管员 姚远　　　　经手人 方秀敏

136－3－1

山西增值税专用发票

发票联　　　　　　　　　　　　　　　No 00443271

开票日期：2019 年 12 月 25 日

购买方	名　　称：益珍源醋业有限公司 纳税人识别号：1401081398 地址、电话：太原市龙城大街 626 号　0351－7686688 开户行及账号：中国工商银行太原小店支行　0502121609	密码区	（略）

货物或应税劳务、服务名称	规格型号	单位	数量	单价	金额	税率	税额
*专项化学用品 *糖化酶		公斤	600	7.30	4 380.00	13%	569.40
*发酵类制品 *酵母		公斤	300	23.00	6 900.00	13%	897.00
合计					¥11 280.00		¥1 466.4

价税合计（大写）	⊗壹万贰仟柒佰肆拾陆元肆角整　　　（小写）¥12 746.40

销售方	名　　称：倍卓生物工程有限公司 纳税人识别号：1401065743 地址、电话：太原市长治路 35 号　0351－3218378 开户行及账号：浦发银行太原高新区支　0302121276	备注	

收款人　林汉　　　复核　何凤飞　　　开票人　钱朵朵　　　销售方　（章）

136－3－2

收 料 单

发票号码：№ 00443271　　　　　　　　　　　　　　　收料单号：011214

供货单位：倍卓生物工程有限公司　　2019 年 12 月 25 日　　收料仓库：1 号库

材料类别	名称及规格	单位	应收数量	实收数量	单价	金额
原料及主要材料	糖化酶	公斤	600	600	7.30	4 380
	酵母	公斤	300	300	23.00	6 900

记账　　　　　　　验收　谢德恩　　　　　　　制单　张丽

136－3－3

中国工商银行　　网上银行电子回单

电子回单号码：

付款人	户名	益珍源醋业有限公司	收款人	户名	倍卓生物工程有限公司
	账号	0502121609		账号	0302121276
	开户银行	中国工商银行太原小店支行		开户银行	浦发银行太原高新区支行
金额	人民币（大写）：壹万贰仟柒佰肆拾陆元肆角整			￥ 12 746.40	
摘要	购料款		业务（产品）种类	转账	
用途	支付购买原材料款				
交易流水号	00023034		时间戳	2019-12-25	
备注：缴款人：　券别：　张数：　券别：　张数：　　　　券别：　张数：　券别：　张数：　验证码：					
记账网点	36069	记账柜员	0014	记账日期	2019.12.25

137－3－1

山西增值税专用发票

记　账　联　　　　　　　　　　　　　　　No 00325234

开票日期：2019 年 12 月 25 日

购买方	名　　　　称：龙城火车站超市 纳税人识别号：140132651 地址、电话：太原市建设路 197 号　0351－3765428 开户行及账号：中国建设银行太原五龙口支行　06021553457	密码区	（略）

货物或应税劳务、服务名称	规格型号	单位	数量	单价	金额	税率	税　额
*调味品*老陈醋	500ml×12瓶/箱	箱	200	72.00	14 400.00	13%	1 872.00
*调味品*老陈醋	2.4L×6桶/箱	箱	100	150.00	15 000.00	13%	1 950.00
合计					￥29 400.00		￥3 822.00

价税合计（大写）	⊗叁万叁仟贰佰贰拾贰元整	（小写）￥33 222.00

销售方	名　　　　称：益珍源醋业有限公司 纳税人识别号：1401081398 地址、电话：太原市龙城大街 626 号　0351－7686688 开户行及账号：中国工商银行太原小店支行　0502121609	备注	

收款人　张静文　　　复核　杨芸　　　开票人　夏子兰　　　销售方　（章）

第一联　记账联　销售方记账凭证

137-3-2

出 库 单

发给：龙城火车站超市　　　2019 年 12 月 25 日　　　第 1512023 号

品名	单位	数量	单价	金额 十万千百十元角分	用途或原因
老陈醋 500ml×12 瓶/箱	箱	200			销售
老陈醋 2.4L×6 桶/箱	箱	100			

主管　　　　　会计　　　　　保管员 姜波　　　　　经手人 王海涛

137-3-3

中国工商银行　**进账单**　（收账通知）　3

2019 年 12 月 25 日

收款人	全　称	益珍源醋业有限公司	付款人	全　称	龙城火车站超市
	账　号	0502121609		账　号	06021553457
	开户银行	中国工商银行太原小店支行		开户银行	建设银行太原五龙口支行

金额	人民币（大写）：叁万叁仟贰佰贰拾贰元整	亿千百十万千百十元角分 ¥ 3 3 2 2 2 0 0

票据种类	转账支票	

开户银行盖章

138-2-1

领　料　单

领料单位：一车间（制醋车间）　　　2019 年 12 月 25 日　　　第 010113 号

编号	品名	规格	单位	请领数量	实发数量	单价	金额	备注
	高粱		公斤	14 700	14 700			
	大曲		公斤	5 360	5 360			
	麸皮		公斤	14 650	14 650			
	谷糠		公斤	14 650	14 650			
领料用途	生产散醋					合计		

供应部门负责人　　　发料　　　领料 姜建伟　　　制单 李旭光　　　领料部门负责人

第三联　会计凭证

138-2-2

领 料 单

领料单位：一车间 （制醋车间）　　2019 年 12 月 25 日　　第 010114 号

编号	品名	规格	单位	请领数量	实发数量	单价	金额	备注
	食盐		公斤	1 430	1 430			
领料用途	生产散醋					合计		

供应部门负责人　　　发料　　　领料 姜建伟　　　制单 李旭光　　　领料部门负责人

第三联 会计凭证

139-4-1

自制半成品 入 库 单

送货单位：一车间　　2019 年 12 月 25 日　　第 120113 号

品名	规格	单位	原送数量	实收数量	单价	金额						
						十	万	千	百	十	元	角	分
散醋		升	36 620	36 620									
合计													

保管员 周之礼　　　送货单位负责人　　　送货人 任成城

第二联 会计存

139-4-2

自制半成品 入 库 单

送货单位：二车间　　2019 年 12 月 25 日　　第 120207 号

品名	规格	单位	原送数量	实收数量	单价	金额						
						十	万	千	百	十	元	角	分
散老陈醋		升	48 300	48 300									
合计													

保管员 姚远　　　送货单位负责人　　　送货人 魏唐

第二联 会计存

139－4－3

产成品 入 库 单

送货单位：三车间　　2019 年 12 月 25 日　　第 10312 号

品名	规格	单位	原送数量	实收数量	单价	金额 十	万	千	百	十	元	角	分
老陈醋	500ml×12瓶/箱	箱	2 360	2 360									
合计													

第二联　会计存

保管员　潘高峰　　　　送货单位负责人　　　　送货人　余鑫

139－4－4

产成品 入 库 单

送货单位：三车间　　2019 年 12 月 25 日　　第 20312 号

品名	规格	单位	原送数量	实收数量	单价	金额 十	万	千	百	十	元	角	分
老陈醋	2.4L×6桶/箱	箱	710	710									
合计													

第二联　会计存

保管员　潘高峰　　　　送货单位负责人　　　　送货人　余鑫

140-2-1

山西增值税专用发票

记 账 联

No 00325235

开票日期：2019 年 12 月 26 日

购买方	名　　　称：花都超市总店 纳税人识别号：140167345 地　址、电　话：太原市建设北路 25 号 开户行及账号：中国建设银行太原五龙口支行　06021556678				密码区	（略）	
货物或应税劳务、服务名称	规格型号	单位	数量	单价	金额	税率	税额
*调味品*老陈醋	500ml×12瓶/箱	箱	500	72.00	36 000.00	13%	4 680.00
*调味品*老陈醋	2.4L×6桶/箱	箱	200	150.00	30 000.00	13%	3 900.00
合计					￥66 000.00		￥8 580.00
价税合计（大写）	⊗柒万肆仟伍佰捌拾元整				（小写）￥74 580.00		
销售方	名　　　称：益珍源醋业有限公司 纳税人识别号：1401081398 地　址、电　话：太原市龙城大街 626 号　0351-7686688 开户行及账号：中国工商银行太原小店支行　0502121609				备注		

收款人　张静文　　复核　杨芸　　开票人　夏子兰　　销售方　（章）

140-2-2

出 库 单

发给：花都超市总店　　2019 年 12 月 26 日　　第 1912024 号

品名	单位	数量	单价	金额 十万千百十元角分	用途或原因
老陈醋 500ml×12瓶/箱	箱	500			销售
老陈醋 2.4L×6桶/箱	箱	200			

主管　　　　会计　　　　保管员　姜波　　经手人　王海涛

141-3-1

股权转让协议

甲乙双方根据《中华人民共和国公司法》等法律、法规和公司（以下简称该公司）章程的规定，经友好协商，本着平等互利、诚实信用的原则，签订本股权转让协议，以资双方共同遵守。

甲方（转让方）：益珍源醋业有限公司　　　　乙方（受让方）：宁煤集团有限公司
公司地址：山西省太原市龙城大街626号　　　公司地址：山西省晋城市长征路58号

第一条　股权的转让

1. 甲方将其持有沁水煤业有限公司20%的股权转让给乙方。
2. 乙方同意接受上述转让的股权。
3. 甲乙双方确定的转让价格为人民币3 200 000元。
4. 甲方保证向乙方转让的股权不存在第三人的请求权，没有设置任何质押，未涉及任何争议及诉讼。
5. 甲方向乙方转让的股权中尚未实际缴纳出资的部分，转让后，由乙方继续履行这部分股权的出资义务。
6. 本次股权转让完成后，乙方即享受20%的股东权利并承担义务。甲方不再享受相应的股东权利和承担义务。
7. 甲方应对该公司及乙方办理相关审批、变更登记等法律手续提供必要协作与配合。

（其余条款略）

　　　　　　　　　　　　　　　　甲方（转让方）：益珍源醋业有限公司（签章）
　　　　　　　　　　　　　　　　乙方（受让方）：宁煤集团有限公司　（签章）
　　　　　　　　　　　　　　　　　　　　　　　　二〇一九年十二月二十日

141-3-2

收 款 收 据

2019年12月26日　　　　　　　　　　　　　　№ 7526442

今收到　宁煤集团有限公司

摘由　股权转让款

人民币　叁佰贰拾零万零仟零佰零拾零元零角零分　　￥3 200 000.00

此　据

单位盖章：益珍源醋业有限公司　　　　　　经手人盖章：吴涛

③记账联

141-3-3

中国工商银行　信汇凭证　（收账通知）　4

委托日期：2019年12月26日

汇款人	全　称	宁煤集团有限公司	收款人	全　称	益珍源醋业有限公司	
	账　号	2160905021		账　号	0502121609	此联为收款人的收账通知
	汇出地点	山西省晋城市/县		汇入地点	山西省太原市/县	
	汇出行名称	中国银行晋城支行营业部		汇入行名称	中国工商银行太原小店支行	
金额	人民币（大写）：叁佰贰拾万元整			亿千百万十万千十元角分 ¥ 3 2 0 0 0 0 0 0 0		
			支付密码			
			附加信息及用途： 股权转让款			
		汇出行签章			复核　　记账	

142-2-1

领 料 单

领料单位：三车间　　　　2019 年 12 月 26 日　　　　第 020319 号

编号	品名	规格	单位	请领数量	实发数量	单价	金额	备注	第三联 会计凭证
	玻璃瓶		套	57 060	57 060				
	商标		套	57 060	57 060				
	纸箱		个	4 755	4 755				
领料用途	生产老陈醋500ml×12瓶/箱					合计			

供应部门负责人　　　发料　　　领料 杨辰曦　　　制单 王丽华　　　领料部门负责人

142-2-2

领 料 单

领料单位：三车间　　　　2019 年 12 月 26 日　　　　第 020320 号

编号	品名	规格	单位	请领数量	实发数量	单价	金额	备注	第三联 会计凭证
	2.4L塑料桶		套	8 280	8 280				
	纸箱		个	1 380	1 380				
领料用途	生产老陈醋2.4L×6桶/箱					合计			

供应部门负责人　　　发料　　　领料 杨辰曦　　　制单 王丽华　　　领料部门负责人

143

自制半成品出库单

发给：三车间　　　　　　　　2019年12月26日　　　　　　　第 021216 号

品名	单位	数量	单价	金额								用途或原因
				十	万	千	百	十	元	角	分	
散老陈醋	升	14 280										生产老陈醋 500ml×12瓶/箱
散老陈醋	升	10 080										生产老陈醋 2.4L×6桶/箱

主管　　　　　　会计　　　　　　保管员　姚远　　　　经手人　方秀敏

144-3-1

山西省税务局通用机打发票

发票联

开票日期：2019 年 12 月 27 日　　　　　　　　　行业分类：制造业

机打代码					
机打号码					
付款单位名称	益珍源醋业有限公司				
付款单位代码	1401081398				
货物或应税劳务、服务名称	规格型号	单位	单价	数量	金额
麸皮		公斤	1.56	7 000	10 920.00
大写合计	壹万零玖佰贰拾元整		合计		10 920.00
收款单位名称（章）	太原面粉三厂		纳税人识别号		1401234237
备注					

开票人：许凤飞　　　　　　　　　　　　　收款人：张寒

第一联　发票联（购货单位付款凭证）（手开无效）

144-3-2

收 料 单

发票号码：　　　　　　　　　　　　　　　　　　　　收料单号：011215

供货单位：太原面粉三厂　　　2019年12月27日　　　收料仓库：1号库

材料类别	名称及规格	单位	应收数量	实收数量	单价	金额
原料及主要材料	麸皮	公斤	7 000	7 000	1.56	10 920

　　　　记账　　　　　　　　验收　谢德恩　　　　　　制单　张丽

144-3-3

中国工商银行
转账支票存根(晋)
ⅩⅣ00000000

附加信息 _____

_____

_____

出票日期 2019 年 12 月 26 日

| 收款人：太原面粉三厂 |
| 金　额：10 920.00 |
| 用　途：购料款 |

单位主管　　　会计

145-3-1

山西增值税专用发票

记 账 联

No 00325235

开票日期：2019 年 12 月 27 日

购买方	名　　称：晋阳调味品批发市场 纳税人识别号：140167356 地　址、电话：太原市晋阳街23号　0351-7669123 开户行及账号：中国农业银行太原小店支行　03021556356	密码区	（略）

货物或应税劳务、服务名称	规格型号	单位	数量	单价	金额	税率	税额
*调味品*老陈醋	500ml×12瓶/箱	箱	500	72.00	36 000.00	13%	4 680.00
*调味品*老陈醋	2.4L×6桶/箱	箱	400	150.00	60 000.00	13%	7 800.00
合计					￥96 000.00		￥12 480.00

价税合计（大写）	⊗壹拾万零捌仟肆佰捌拾元整　　（小写）￥108 480.00

销售方	名　　称：益珍源醋业有限公司 纳税人识别号：1401081398 地　址、电话：太原市龙城大街626号　0351-7686688 开户行及账号：中国工商银行太原小店支行　0502121609	备注	

收款人　张静文　　　复核　杨芸　　　开票人　夏子兰　　　销售方　（章）

第一联　记账联　销售方记账凭证

145-3-2

出　库　单

发给：晋阳调味品批发市场　　　　2019 年 12 月 27 日　　　　第 1912025 号

品名	单位	数量	单价	金额							用途或原因
				十万	万	千	百	十	元	角	分	
老陈醋 500ml×12瓶/箱	箱	500										销售
老陈醋 2.4L×6桶/箱	箱	400										

主管　　　　　会计　　　　　保管员　姜波　　　　经手人　王海涛

145－3－3

中国工商银行　进账单　（收账通知）　3

2019 年 12 月 27 日

收款人	全　称	益珍源醋业有限公司	付款人	全　称	晋阳调味品批发市场
	账　号	0502121609		账　号	030215563561
	开户银行	中国工商银行太原小店支行		开户银行	中国农业银行太原小店支行

金额	人民币（大写）：壹拾万零捌仟肆佰捌拾元整	亿 千 百 十 万 千 百 十 元 角 分
		¥　　　1 0 8 4 8 0 0 0

票据种类	转账支票

开户银行盖章

146－2－1

山西省税务局通用机打发票
发票联

开票日期：2019 年 12 月 27 日　　　　　　　　　　行业分类：制造业

机打代码					
机打号码					
付款单位名称		益珍源醋业有限公司			
付款单位代码		1401081398			
货物或应税劳务、服务名称	规格型号	单位	单价	数量	金额
荣誉证书		个	12.00	36	432.00
锦旗		面	48.00	5	240.00
大写合计	陆佰柒拾贰元整		合计		672.00
收款单位名称（章）	华凯彩印厂		纳税人识别号		1401234621
备注					

第一联　发票联（购货单位付款凭证）（手开无效）

开票人：边琳　　　　　　　　　　　　　　　　收款人：金静

146-2-2

```
中国工商银行
转账支票存根(晋)
XⅣ00000000
附加信息
_____
_____

出票日期 2019 年 12 月 27 日
收款人：华凯彩印厂
金　额：672.00
用　途：购料款
单位主管　　会计
```

147-3-1

自制半成品 入 库 单

送货单位：一车间　　　2019年12月27日　　　第 120114 号

品名	规格	单位	原送数量	实收数量	单价	金额							
						十万	万	千	百	十	元	角	分
散醋		升	36 680	36 680									
合计													

保管员　周之礼　　　　送货单位负责人　　　　送货人　任成城

第二联　会计存

147－3－2

产成品入库单

送货单位：三车间　　2019年12月27日　　第10313号

品名	规格	单位	原送数量	实收数量	单价	金额 十 万 千 百 十 元 角 分
老陈醋	500ml×12瓶/箱	箱	2 380	2 380		
合计						

第二联　会计存

保管员　潘高峰　　　送货单位负责人　　　送货人　余鑫

147－3－3

产成品入库单

送货单位：三车间　　2019年12月27日　　第20313号

品名	规格	单位	原送数量	实收数量	单价	金额 十 万 千 百 十 元 角 分
老陈醋	2.4L×6桶/箱	箱	700	700		
合计						

第二联　会计存

保管员　潘高峰　　　送货单位负责人　　　送货人　余鑫

148－3－1

山西省税务局通用机打发票
发票联

开票日期：2019 年 12 月 28 日　　　　　　　　　　　　行业分类：批发和零售业

机打代码					
机打号码					
付款单位名称	益珍源醋业有限公司				
付款单位代码	1401081398				
货物或应税劳务、服务名称	规格型号	单位	单价	数量	金额
花料		公斤	10	50	500.00
大写合计	伍佰元整		合计		500.00
收款单位名称（章）	大营农贸市场		纳税人识别号		1401076398
备注					

第一联 发票联（购货单位付款凭证）（手开无效）

开票人：范飞龙　　　　　　　　　　　　　　收款人：王雅男

148－3－2

收 料 单

发票号码：　　　　　　　　　　　　　　　　　　　　　收料单号：011216

供货单位：大营农贸市场　　　2019 年 12 月 28 日　　　收料仓库：1号库

材料类别	名称及规格	单位	应收数量	实收数量	单价	金额
原料及主要材料	花料	公斤	50	50	10	500

记账　　　　　　　验收　龚志刚　　　　　　制单　张丽

148－3－3

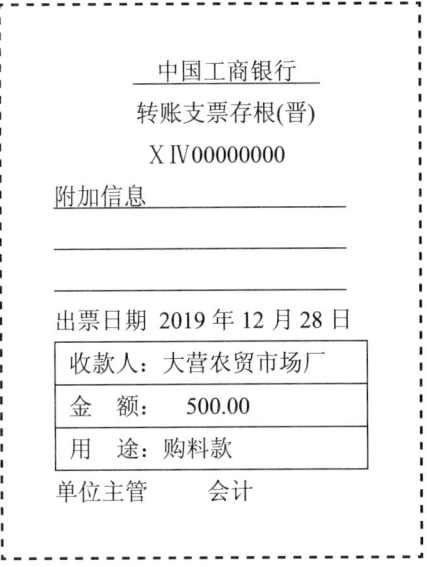

中国工商银行

转账支票存根(晋)

ⅩⅣ00000000

附加信息 _____

出票日期 2019 年 12 月 28 日

收款人：大营农贸市场厂

金　　额：500.00

用　　途：购料款

单位主管　　会计

149－5－1

山西增值税专用发票

记　账　联　　　　　　　　　　　No 00325237

开票日期：2019 年 12 月 28 日

购买方	名　　称：上海新黄浦物贸有限公司 纳税人识别号：3101044250 地　址、电话：上海市黄浦北路25号　021－57866675 开户行及账号：浦发银行黄浦江支行　55667806021	密码区	（略）	第一联　记账联　销售方记账凭证

货物或应税劳务、服务名称	规格型号	单位	数量	单价	金额	税率	税额
*调味品 *老陈醋	500ml×12 瓶/箱	箱	5 000	72.00	360 000.00	13%	46 800.00
合计					¥ 360 000.00		¥ 46 800.00

价税合计（大写）	⊗肆拾万零陆仟捌佰元整　　　　　（小写）¥ 406 800.00

销售方	名　　称：益珍源醋业有限公司 纳税人识别号：1401081398 地　址、电话：太原市龙城大街626号　0351－7686688 开户行及账号：中国工商银行太原小店支行　0502121609	备注

收款人　张静文　　　复核　杨芸　　　开票人　夏子兰　　　销售方　（章）

149－5－2

出 库 单

发给：上海新黄浦物贸有限公司　　2019年12月28日　　第1512026号

品名	单位	数量	单价	金额									用途或原因
				十	万	千	百	十	元	角	分	
老陈醋 500ml×12瓶/箱	箱	5 000										销售

主管　　　　　会计　　　　　保管员 姜波　　　　　经手人 王海涛

149－5－3

中国工商银行
转账支票存根(晋)
ⅩⅣ00000000
附加信息

出票日期 2019年12月28日
收款人：星云物流有限公司
金　额：29 800.00
用　途：代垫运费
单位主管　　会计

149－5－4

银行承兑汇票　　2　　复印件

出票日期（大写）：贰零贰零年叁月贰拾叁日　　汇票号码 7100362009

出票人全称	上海新黄浦物贸有限公司	收款人	全　称	益珍源醋业有限公司
出票人账号	55667806021		账　号	0502121609
付款行全称	浦发银行黄浦江支行		开户银行	中国工商银行太原小店支行
出票金额	人民币（大写）：肆拾叁万陆仟陆佰元整			亿千百十万千百十元角分 ￥　　　４３６６０００
汇票到期日（大写）	贰零壹玖年叁月贰拾叁日	付款行	行号	58036
承兑协议编号	1000240035		地址	上海市黄浦北路308号
本汇票请你行承兑，此项汇票款我单位承兑协议于到期日前足额交存银行，到期请予以支付。 　　　　　　　　出票人签章			复核　　记账	

此联收款人开户行随委托收款凭证寄付款行作借方凭证附件

149－5－5

收　据

2019年12月28日　　　№ 1200360028

今收到　上海新黄浦物贸有限公司

摘由　承付销售老陈醋（500ml×12瓶/箱）5 000箱货款的**银行承兑汇票**（7100362009号）

银行承兑汇票票面金额肆拾叁万陆仟陆佰元整　　￥436 600

此　据

　　单位盖章：益珍源醋业有限公司　　　　　　经手人盖章：吴涛

③记账联

150

中国工商银行 收费凭证（回单/记账联）

2019 年 12 月 28 日

工本费付费户名：益珍源醋业有限公司					
工本费付费账户：0502121609					
手续费付费户名：益珍源醋业有限公司					
手续费付费账户：0502121609					
服务项目（凭证种类）	本数	凭证号码	工本费	手续费	金额小计
现金支票	1	03170101-25	5.00		5.00
结算手续费					352.00
金额合计（大写）：叁佰伍拾柒元整					
金额合计（小写）：¥357.00					

151-4-1

自制半成品 出 库 单

发给：二车间　　　　2019年12月28日　　　　第 011207 号

品名	单位	数量	单价	金额									用途或原因
				十	万	千	百	十	元	角	分	
散醋	升	73 500										生产散老陈醋

主管　　　　会计　　　　保管员 周之礼　　　　经手人 张晓林

151-4-2

自制半成品 出 库 单

发给：三车间　　　　2019 年 12 月 28 日　　　　第 021217 号

品名	单位	数量	单价	金额									用途或原因
				十	万	千	百	十	元	角	分	
散老陈醋	升	14 250										生产老陈醋 500ml×12瓶/箱
散老陈醋	升	9 792										生产老陈醋 2.4L×6桶/箱

主管　　　　会计　　　　保管员 姚远　　　　经手人 方秀敏

151-4-3

产成品入库单

送货单位：四车间　　2019年12月28日　　第30403号

品名	规格	单位	原送数量	实收数量	单价	金额							
						十	万	千	百	十	元	角	分
八珍醋	500ml×2×3瓶/箱	箱	300	300									
合计													

保管员　潘高峰　　　　送货单位负责人　　　　送货人　金涛

第二联　会计存

151-4-4

产成品入库单

送货单位：四车间　　2019年12月28日　　第30403号

品名	规格	单位	原送数量	实收数量	单价	金额							
						十	万	千	百	十	元	角	分
八珍醋	(10ml×10)×12瓶/箱	箱	200	200									
合计													

保管员　潘高峰　　　　送货单位负责人　　　　送货人　金涛

第二联　会计存

152-2-1

山西增值税专用发票

发票联

No 00456752

开票日期：2019年12月29日

购买方	名　　　称：益珍源醋业有限公司 纳税人识别号：1401081398 地　址、电话：太原市龙城大街626号　0351-7686688 开户行及账号：中国工商银行太原小店支行　0502121609	密码区	（略）

货物或应税劳务、服务名称	规格型号	单位	数量	单价	金额	税率	税额
*煤炭*煤炭		公斤	200 000	0.56	112 000.00	13%	14 560.00
合计					¥112 000.00		¥14 560.00

价税合计（大写）	⊗壹拾贰万陆仟伍佰陆拾元整	（小写）¥126 560.00

销售方	名　　　称：西山煤业有限公司 纳税人识别号：37010690 地　址、电话：太原市西矿街321号　0351-6427345 开户行及账号：中国农业银行西矿街支行　01398140108	备注	

收款人　韩国风　　　复核　张凤　　　开票人　周文文　　　销售方　（章）

152-2-2

发票号码：No 00456752

收 料 单

收料单号：011217

供货单位：西山煤业有限公司　　　2019年12月29日　　　收料仓库：一车间

材料类别	名称及规格	单位	应收数量	实收数量	单价	金额
原料及主要材料	煤炭	公斤	200 000	200 000	0.56	112 000

记账　　　　　　　验收　龚志刚　　　　　　制单　张丽

153-3-1

山西增值税专用发票

记账联　　　　　　　　　　　　　　　　　　No 00325238

开票日期：2019 年 12 月 29 日

购买方	名　　称：恒山果子园贸易有限公司 纳税人识别号：140178453 地址、电话：恒山果子园街 45 号　0352-7326806 开户行及账号：中国银行恒山支行　05021556456	密码区	（略）

货物或应税劳务、服务名称	规格型号	单位	数量	单价	金额	税率	税额
*调味品*老陈醋	500ml×12瓶/箱	箱	500	72.00	36 000.00	13%	4 680.00
*调味品*老陈醋	2.4L×6桶/箱	箱	400	150.00	60 000.00	13%	7 800.00
合计					¥96 000.00		¥12 480.00

价税合计（大写）	⊗壹拾万零捌仟肆佰捌拾元整	（小写）¥108 480.00

销售方	名　　称：益珍源醋业有限公司 纳税人识别号：1401081398 地址、电话：太原市龙城大街 626 号　0351-7686688 开户行及账号：中国工商银行太原小店支行　0502121609	备注	

收款人　张静文　　　复核　杨芸　　　开票人　夏子兰　　　销售方　（章）

第一联　记账联　销售方记账凭证

153-3-2

出　库　单

发给：恒山果子园贸易有限公司　　　2019 年 12 月 29 日　　　第 1912027 号

品名	单位	数量	单价	金额（十万千百十元角分）	用途或原因
老陈醋 500ml×12瓶/箱	箱	500			销售
老陈醋 2.4L×6桶/箱	箱	400			

主管　　　　　会计　　　　　保管员　姜波　　　经手人　王海涛

153-3-3

中国工商银行 进账单 （收账通知）　　3

2019 年 12 月 29 日

收款人	全称	益珍源醋业有限公司	付款人	全称	恒山果子园贸易有限公司
	账号	0502121609		账号	05021556456
	开户银行	中国工商银行太原小店支行		开户银行	中国银行恒山支行

金额	人民币（大写）：壹拾万零捌仟肆佰捌拾元整	亿 千 百 十 万 千 百 十 元 角 分
		¥ 1 0 8 4 8 0 0 0

票据种类	转账支票	
		开户银行盖章

154-4-1

差旅费报销单

2019 年 12 月 29 日　　　　　　　　　　　　　　　　附单据　　张

出差人	张志远			事由	市场调查、联系客户			
起点	太原			起止日	从12月3日至12月12日　共计10天			
日期	到达地	天数	城市间交通费	住宿费	伙食补助费	市内交通费	其他	小计
12.3	北京	10	300	2 280	600	500		3 680
合计			300	2 280	600	500		3 680

报销金额（大写）：叁仟陆佰捌拾元整　　（小写）：¥3 680.00	预借金额	5 000.00
收款人名称：张志远　　收款账号：	报销金额	3 680.00
部室负责人　孙文　　财务经理　郭佳　　报销人　张志远	结余/超支	1 320.00

会计：　　　　　　　　　　复核：曹雯　　　　　　　　出纳：黎平

注：出于篇幅考虑，本笔业务略去了"市内交通费"凭证。

154-4-2

```
                    太原　售
   太原　 D2002 　北京
   TaiYuan  ⟶   BeiJing
   ￥150.00
   2019年12月3日   09:20开
   限乘当日当次车   2日内到有效
```

154-4-3

```
                    北京　售
   北京　 D2003 　太原
   BeiJing  ⟶   TaiYuan
   ￥150.00
   2019年12月12日   13:18开
   限乘当日当次车   2日内到有效
```

154-4-4

北京市税务局通用机打发票

发票代码　　　　　　　发票号码　　　　　密码区

开票日期			
行业分类	生活服务业		
付款方名称	益珍源醋业有限公司		
项目	数量	单价	金额
住宿费	8	285.00	2 280.00
小计	8	285.00	2 280.00
大写合计	贰仟贰佰捌拾元整		
收款方名称	北京如家快捷酒店		
纳税人识别码	3702367281		
收款人	苏琳苹		
机打代码			
机打号码			
防伪码			

155

中国工商银行　　网上银行电子回单

电子回单号码：

付款人	户名	内蒙恒达利调味品批发公司	收款人	户名	益珍源醋业有限公司
	账号	02155606678		账号	0502121609
	开户银行	中国建设银行呼和浩特新城支行		开户银行	中国工商银行太原小店支行
金额		人民币（大写）：壹拾捌万元整		￥ 180 000.00	
摘要		预付货款	业务（产品）种类	跨行收报	
用途		购货			
交易流水号		00023000	时间戳	2019-12-29	
	备注：				
	缴款人：	券别： 张数：		券别： 张数：	
		券别： 张数：		券别： 张数：	
	验证码：				
记账网点	36069	记账柜员	0015	记账日期	2019-12-29

打印日期：2019 年 12 月 29 日

156－2－1

领　料　单

领料单位：一车间（制醋车间）　　2019 年 12 月 29 日　　第 010115 号

编号	品名	规格	单位	请领数量	实发数量	单价	金额	备注
	高粱		公斤	14 500	14 500			
	大曲		公斤	5 160	5 160			
	麸皮		公斤	14 240	14 240			
	谷糠		公斤	14 240	14 240			
领料用途	生产散醋					合计		

供应部门负责人　　发料　　领料 姜建伟　　制单 李旭光　　领料部门负责人

第三联　会计凭证

156-2-2

领 料 单

领料单位：一车间（制醋车间）　　2019年12月29日　　第 010116 号

编号	品名	规格	单位	请领数量	实发数量	单价	金额	备注
	食盐		公斤	1 420	1 420			
	糖化酶		公斤	192	192			
领料用途	生产散醋					合计		

供应部门负责人　　　发料　　　领料 姜建伟　　　制单 李旭光　　　领料部门负责人

第三联　会计凭证

157-4-1

自制半成品 入 库 单

送货单位：一车间　　　2019年12月29日　　　第 120115 号

品名	规格	单位	原送数量	实收数量	单价	金额							
						十万	万	千	百	十	元	角	分
散醋		升	36 800	36 800									
合计													

保管员 周之礼　　　送货单位负责人　　　送货人 任成城

第二联　会计存

157-4-2

自制半成品 入 库 单

送货单位：二车间　　　2019年12月29日　　　第 120208 号

品名	规格	单位	原送数量	实收数量	单价	金额							
						十万	万	千	百	十	元	角	分
散老陈醋		升	23 812	23 812									
合计													

保管员 姚远　　　送货单位负责人　　　送货人 魏唐

第二联　会计存

157-4-3

产成品入库单

送货单位：三车间　　2019年12月29日　　第10314号

品名	规格	单位	原送数量	实收数量	单价	金额 十万千百十元角分
老陈醋	500ml×12瓶/箱	箱	2 375	2 375		
合计						

保管员　潘高峰　　送货单位负责人　　送货人　余鑫

第二联　会计存

157-4-4

产成品入库单

送货单位：三车间　　2019年12月29日　　第20314号

品名	规格	单位	原送数量	实收数量	单价	金额 十万千百十元角分
老陈醋	2.4L×6桶/箱	箱	680	680		
合计						

保管员　潘高峰　　送货单位负责人　　送货人　余鑫

第二联　会计存

158-2-1

出库单

发给：市社会福利院　　2019年12月29日　　第1512028号

品名	单位	数量	单价	金额 十万千百十元角分	用途或原因
老陈醋 2.4L×6桶/箱	箱	60			捐赠

主管　　　　会计　　　　保管员　姜波　　经手人　王海涛

158－2－2

公益性单位接受捐赠统一收据
UNIFIED INVOICE OF DONATION FOR PUBLIC WELFARE ORGANIZATION

国财 01601　　　　　　　　2019 年 12 月 29 日　　　　　　NO60023147892
　　　　　　　　　　　　　　　Y　　M　　D

捐赠者 Donor	益珍源醋业有限公司
捐赠项目 For purpose	市社会福利院
捐赠金额（实物价值）大写 Total Amount in Words	老陈醋 2.4L×6 桶/箱　陆拾箱　价值人民币 玖仟元整
小写 In Figures	￥9 000.00
货币（实物价值）Currency	
备注 Notes	

接收单位（签字）李涛　　审核　　经手人 韩红林　　支票号
Receiver's Seal　　　　Verifed by　　Handling Person　　Cheque NO

第二联　Second Donor　捐赠者

159－2－1

30/12/19　　　　　　　成交过户交割单　　　　　　　卖

股东编号	40100039268	成交证券	新海科技
电脑编号		成交数量	100 000 股
户　　名	益珍源醋业有限公司	成交价格	8.50元/股
申报编号	218117	成交金额	850 000.00
申报时间	10:09:20	佣　　金	1 275.00
成交时间	10:09:31	过 户 费	60.00
上次余额	100 000	印 花 税	1 700.00
本次成交	100 000	应收金额	846 965.00
本次余额	0	附加费用	
本次库存	0	实收金额	846 965.00

通知联

159－2－2

中国银河证券太原桃园营业部股票明细对账单

对账期间：2019年12月30日-2019年12月30日

资金账号：40100039268　　　　　　　　户　　名：益珍源醋业有限公司

股票市值：1 290 000.00　　　　　　　　资金余额：1 913 770.00

总 资 产：3 203 770.00　　　　　　　　资金可用：1 913 770.00

股份余额汇总

市场	证券代码	证券名称	当前余额	可用数	参考成本	市价	证券市值
深市	300618	新海科技	0	0			
沪市	603298	网维通讯	200 000	200 000	1 201 920	6.45	1 290 000
合计					1 201 920		1 290 000

160－2－1

债务重组协议

甲方：益珍源醋业有限公司

乙方：大中副食品商城

1. 乙方以人民币　贰拾壹万陆仟元整　清偿所欠甲方款项本金　贰拾叁万肆仟元整　。
2. 其余债务免除。
3. 本协议签订后，双方债权债务关系解除。
4. 本协议经双方签署后即生效。

甲方授权代表：张旭光　　　　　　　　乙方授权代表：黄伟达

签署日期：2019.12.11　　　　　　　　签署日期：2019.12.11

160－2－2

中国工商银行　进账单　（收账通知）　3

2019 年 12 月 30 日

收款人	全　称	益珍源醋业有限公司	付款人	全　称	大中副食品商城
	账　号	0502121609		账　号	56356030215
	开户银行	中国工商银行太原小店支行		开户银行	中国银行太原小店支行

金额	人民币（大写）：贰拾壹万陆仟元整	亿 千 百 十 万 千 百 十 元 角 分
		¥　　　2 1 6 0 0 0 0 0

票据种类	转账支票

开户银行盖章

161

中华人民共和国
印花税票销售凭证

现金付讫

填制日期：2019 年 12 月 30 日

购买单位	益珍源醋业有限公司			购买人		林海涛
购买印花税票						
面值种类	数量	金额		面值种类	数量	金额
壹角票				伍元票	1	5
贰角票				拾元票	2	20
伍角票				伍拾元票	1	50
壹元票				壹佰元票		
贰元票				合计		
金额合计		（大写）柒拾伍元整				¥75.00
销售单位		售票人 王 娟		备注		

162-4-1

山西增值税专用发票

记 账 联

No 00325239

开票日期：2019 年 12 月 30 日

购买方	名　　　称：北京天健养身保健品批发公司 纳税人识别号：1101047567 地　址、电话：北京市王府路235号 开户行及账号：北京银行王府路支行　67806021556					密码区	（略）		
货物或应税劳务、服务名称	规格型号	单位	数量	单价	金额		税率	税额	
*调味品*八珍醋		箱	700	225.00	157 500.00		13%	20 475.00	
*调味品*保健醋口服液		箱	500	180.00	90 000.00		13%	11 700.00	
合计					¥247 500.00			¥32 175.00	
价税合计（大写）		⊗贰拾柒万玖仟陆佰柒拾伍元整				（小写）¥279 675.00			
销售方	名　　　称：益珍源醋业有限公司 纳税人识别号：1401081398 地　址、电话：太原市龙城大街626号　0351-7686688 开户行及账号：中国工商银行太原小店支行　0502121609					备注			

收款人 张静文　　　复核 杨芸　　　开票人 夏子兰　　　销售方 （章）

162-4-2

出 库 单

发给：北京天健养身保健品批发公司　　2019 年 12 月 30 日　　第 1912029 号

品名	单位	数量	单价	金额 十万千百十元角分	用途或原因
八珍醋	箱	700			销售
保健醋口服液	箱	500			

主管　　　　　会计　　　　　保管员　姜波　　　　经手人　王海涛

162-4-3

山西增值税专用发票

发票联　　　　　　　　　　　　　　　No 00453253

开票日期：2019 年 12 月 30 日

购买方	名　　　　称：益珍源醋业有限公司 纳税人识别号：1401081398 地　址、电　话：太原市龙城大街 626 号　0351-7686688 开户行及账号：中国工商银行太原小店支行　0502121609	密码区	（略）

货物或应税劳务、服务名称	规格型号	单位	数量	单价	金额	税率	税额
*运输服务*运输费					1 200.00	9%	108.00
*物流辅助服务*装卸费					300.00	6%	18.00
合计					¥1 500.00		¥126.00

价税合计（大写）	⊗壹仟陆佰贰拾陆元整	（小写）¥1 626.00

销售方	名　　　　称：顺达物流有限公司 纳税人识别号：1401437010 地　址、电　话：山西省太原市太榆路 47 号　0351-2124634 开户行及账号：中国银行小店支行　1346090652	备注	起运地：太原 到达地：北京 车型车号：货车 运输货物信息：醋产品

收款人　刘浩然　　　复核　张梦亚　　　开票人　李先峰　　　销售方　（章）

第三联　发票联　购买方记账凭证

162－4－4

```
┌──────────────────────────┐
│      中国工商银行          │
│   转账支票存根(晋)         │
│     ⅩⅣ00000000            │
│   附加信息                 │
│   ─────────               │
│   ─────────               │
│   ─────────               │
│   出票日期 2019 年 12 月 30 日 │
│   收款人：顺达物流有限公司   │
│   金  额：1 626.00          │
│   用  途：运费              │
│   单位主管    会计          │
└──────────────────────────┘
```

163

中国工商银行　托收凭证（收账通知）　4

委托日期：2019年12月29日

业务类型		委托收款（□邮划　□电划）		托收承付（☑邮划　□电划）											
付款人	全称	西安古都酒店集团有限公司	收款人	全称	益珍源醋业有限公司										
	账号	05021554723		账号	0502121609										
	地址	陕西省西安市	开户行	工行小寨支行		地址	山西省太原市	开户行	工行小店支行						
金额	人民币（大写）：伍拾万零捌仟伍佰元整					亿	千	百	十	万	千	百	十	元	角	分
							￥	5	0	8	5	0	0	0	0
款项内容	销货款	托收凭据名称	发票、运单	附寄单证张数	3										
商品发运情况		已发货		合同名称号码	购销合同1210										
备注：	本托收款项已由付款人开户行全额划回并收入你方账户内。收款人开户银行盖章　2019 年 12 月 29 日														

此联作收款人开户银行给收款人的收账通知

164-2-1

领 料 单

领料单位：三车间　　　　2019 年 12 月 30 日　　　　第 020321 号

编号	品名	规格	单位	请领数量	实发数量	单价	金额	备注
	玻璃瓶		套	28 380	28 380			
	商标		套	28 380	28 380			
	纸箱		个	2 365	2 365			
领料用途	生产老陈醋500ml×12瓶/箱					合计		

供应部门负责人　　　发料　　　领料 杨辰曦　　　制单 王丽华　　　领料部门负责人

第三联　会计凭证

164-2-2

领 料 单

领料单位：三车间　　　　2019 年 12 月 30 日　　　　第 020122 号

编号	品名	规格	单位	请领数量	实发数量	单价	金额	备注
	2.4L塑料桶		套	4 020	4 020			
	纸箱		个	670	670			
领料用途	生产老陈醋2.4L×6桶/箱					合计		

供应部门负责人　　　发料　　　领料 杨辰曦　　　制单 王丽华　　　领料部门负责人

第三联　会计凭证

165

自制半成品出库单

发给：三车间　　　　2019 年 12 月 30 日　　　　第 021218 号

品名	单位	数量	单价	金额							用途或原因
				十	万	千	百	十	元	角	分	
散老陈醋	升	14 190										生产老陈醋 500ml×12瓶/箱
散老陈醋	升	9 648										生产老陈醋 2.4L×6桶/箱

主管　　　　会计　　　　保管员 姚远　　　　经手人 方秀敏

166-2-1

陕西增值税专用发票

发票联　　　　　　　　　　　　　　　No 00456754

开票日期：2019 年 12 月 31 日

购买方	名　　称：益珍源醋业有限公司 纳税人识别号：1401081398 地址、电话：太原市龙城大街 626 号　0351-7686688 开户行及账号：中国工商银行太原小店支行　0502121609	密码区	（略）

货物或应税劳务、服务名称	规格型号	单位	数量	单价	金额	税率	税额
*农副产品*谷糠		公斤	50 000	0.50	25 000.00	9%	2 250.00
合计					¥25 000.00		¥2 250.00

价税合计（大写）	⊗贰万柒仟贰佰伍拾元整　　　　　（小写）¥27 250.00

销售方	名　　称：裕丰农副产品贸易中心 纳税人识别号：37010690 地址、电话：陕西省韩城市西环路 35 号　0913-5227357 开户行及账号：中国农业银行韩城支行　0308334365	备注	

收款人　苏平　　　复核　刘云飞　　　开票人　刘慧媛　　　销售方（章）

166-2-2

山西增值税专用发票

发票联　　　　　　　　　　　　　　　No 00453253

开票日期：2019 年 12 月 30 日

购买方	名　　称：益珍源醋业有限公司 纳税人识别号：1401081398 地址、电话：太原市龙城大街 626 号　0351-7686688 开户行及账号：中国工商银行太原小店支行　0502121609	密码区	（略）

货物或应税劳务、服务名称	规格型号	单位	数量	单价	金额	税率	税额
*运输服务*运输费					15 000.00	9%	1 350.00
合计					¥15 000.00		¥1 350.00

价税合计（大写）	⊗壹万陆仟叁佰伍拾元整　　　　　（小写）¥16 350.00

销售方	名　　称：迅达运输有限责任公司 纳税人识别号：1401356782 地址、电话：山西省平陆县为民路 18 号　0359-2124346 开户行及账号：农业银行平陆支行　1346098932	备注	起运地：山西韩城 到达地：山西太原 车型车号：货车 运输货物信息：谷糠

收款人　蒙然　　　复核　刘梦亚　　　开票人　李峰瑞　　　销售方（章）

167－3－1

山西增值税专用发票

记 账 联　　　　　　　　　　　　　　　　No 00325240

开票日期：2019 年 12 月 31 日

购买方	名　　　称：内蒙恒达利调味品批发公司 纳税人识别号：150102640 地 址、电 话：呼和浩特新民路 25 号　0471－6543872 开户行及账号：中国建设银行呼和浩特新城支行　2155606678	密码区	（略）

货物或应税劳务、服务名称	规格型号	单位	数量	单价	金额	税率	税 额
*调味品*老陈醋	500ml×12瓶/箱	箱	4 500	72.00	324 000.00	13%	42 120.00
合计					¥324 000.00		¥42 120.00

价税合计（大写）	⊗叁拾陆万陆仟壹佰贰拾元整　　　（小写）¥366 120.00

销售方	名　　　称：益珍源醋业有限公司 纳税人识别号：1401081398 地 址、电 话：太原市龙城大街 626 号　0351－7686688 开户行及账号：中国工商银行太原小店支行　0502121609	备注	

收款人　张静文　　　复核　杨芸　　　开票人　夏子兰　　　销售方　（章）

第一联　记账联　销售方记账凭证

167－3－2

出 库 单

发给：内蒙恒达利调味品批发公司　　　2019 年 12 月 31 日　　　第 1512030 号

品名	单位	数量	单价	金额							用途或原因
				十	万	千	百	十	元	角	分	
老陈醋 500ml×12瓶/箱	箱	4 500										销售

主管　　　　　　会计　　　　　保管员　姜波　　　经手人　王海涛

167-3-3

```
中国工商银行
转账支票存根(晋)
ⅩⅣ00000000
附加信息 _____
_____
_____
出票日期 2019 年 12 月 31 日
收款人：好运快运有限公司
金  额： 11 000.00
用  途：代垫运费
单位主管    会计
```

168

领 料 单

领料单位：一车间（制醋车间）　　2019年12月31日　　第 010117 号

编号	品名	规格	单位	请领数量	实发数量	单价	金额	备注
	煤炭		公斤	210 000	210 000			
领料用途	生产散醋					合计		

供应部门负责人　　　发料　　　领料　姜建伟　　制单　李旭光　　领料部门负责人

第三联　会计凭证

169-4-1

自制半成品 入 库 单

送货单位：一车间　　　　2019年12月31日　　　　第 120116 号

品名	规格	单位	原送数量	实收数量	单价	金额							
						十	万	千	百	十	元	角	分
散醋		升	36 600	36 600									
合计													

保管员　周之礼　　　　送货单位负责人　　　　送货人　任成城

第二联　会计存

169-4-2

自制半成品 出 库 单

发给：二车间　　　　2019年12月31日　　　　第 011208 号

品名	单位	数量	单价	金额								用途或原因
				十	万	千	百	十	元	角	分	
散醋	升	73 590										生产散老陈醋

主管　　　　会计　　　　保管员　周之礼　　　　经手人　张晓林

169-4-3

产成品 入 库 单

送货单位：三车间　　　　2019年12月31日　　　　第 10315 号

品名	规格	单位	原送数量	实收数量	单价	金额							
						十	万	千	百	十	元	角	分
老陈醋	500ml×12瓶/箱	箱	2 365	2 365									
合计													

保管员　潘高峰　　　　送货单位负责人　　　　送货人　余鑫

169-4-4

产成品入库单

送货单位：三车间　　　2019年12月31日　　　第 20315 号

品名	规格	单位	原送数量	实收数量	单价	金额 十万千百十元角分
老陈醋	2.4L×6桶/箱	箱	670	670		
合计						

保管员　潘高峰　　　　送货单位负责人　　　　送货人　余鑫

第二联　会计存

170-4-1

山西增值税普通发票

发票联　　　　　　　　　　　　　　No 00455345

开票日期：2019年12月31日

购买方	名　称：益珍源醋业有限公司 纳税人识别号：1401081398 地址、电话：太原市龙城大街626号　0351-7686688 开户行及账号：中国工商银行太原小店支行　0502121609	密码区	（略）

货物或应税劳务、服务名称	规格型号	单位	数量	单价	金额	税率	税额
*餐饮服务*餐费					8 737.86	3%	262.14
合计					¥8 737.86		¥262.14

价税合计（大写）	⊗玖仟元整	（小写）¥9 000.00

销售方	名　称：金麦快餐有限公司 纳税人识别号：1401081453 地址、电话：山西省太原市晋阳街35号　0351-5227357 开户行及账号：中国工商银行太原分行南中环支行　0308334365	备注	

收款人　陆凡　　　复核　杨丰帆　　　开票人　安同　　　销售方（章）

第二联　发票联　购买方记账凭证

170-4-2

```
中国工商银行
转账支票存根(晋)
ⅩⅣ00000000
附加信息
出票日期 2019 年 12 月 31 日
收款人：金麦快餐有限公司
金  额：9 000.00
用  途：餐费
单位主管    会计
```

170-4-3

周六、周日统一订餐汇总表

2019 年 12 月

车间、部门	金额（元）
一车间	6 360
二车间	240
三车间	840
四车间	360
公司管理部门	1 200
合计	9 000

主管   审核 刘梦妍   制表 王晓娟

170-4-4

职工福利费计提表

2019 年 12 月 31 日　　　　　　　　　　　　　　　　　　　　　　　单位：元

应借科目			金额（元）
生产成本	一车间	散醋	6 000
	二车间	散老陈醋	120
	三车间	老陈醋 500ml×12 瓶/箱	360
		老陈醋 2.4L×12 桶/箱	360
	四车间	八珍醋	120
		保健醋口服液	120
制造费用	一车间	福利费	360
	二车间	福利费	120
	三车间	福利费	120
	四车间	福利费	120
管理费用		福利费	1 200
合计			9 000

主管　　　　　　　　审核　刘梦妍　　　　　　　　制表　王晓娟

171

发出材料（原料及主要材料）汇总表

2019 年 12 月　　　　　　　　　　　　　　　　　　　　　　　　　单位：元

领用部门	用途	材料名称	数量	单位	单价	金额
一车间 （制醋车间）	生产散醋	高粱				
		大曲				
		麸皮				
		谷糠				
		食盐				
		糖化酶				
		酵母				
		花料				
		煤炭				
合计						

主管　　　　　　　　审核　　　　　　　　　　　　制表

172

发出材料（包装材料）汇总表

2019 年 12 月　　　　　　　　　　　　　　　　　　　　　　单位：元

领用部门	用途	材料名称	数量	单位	单价	金额
三车间（灌装车间）	老陈醋 500ml×12 瓶/箱	玻璃瓶				
		商标				
		纸箱				
		小计				
	老陈醋 2.4L×6 桶/箱	2.4L 塑料桶				
		纸箱				
		小计				
四车间（保健醋车间）	八珍醋	陶瓷瓶				
		纸盒				
		商标				
		纸箱				
		小计				
	保健醋口服液	口服液瓶				
		纸盒				
		手提袋				
		纸箱				
		小计				
合计						

主管　　　　　　　　　　审核　　　　　　　　　制表

173

发出材料（辅助材料）汇总表

2019 年 12 月　　　　　　　　　　　　　　　　　　　　　　单位：元

领用部门	用途	材料名称	数量	单位	单价	金额
四车间（保健醋车间）	八珍醋	人参				
		黄芪				
		当归				
		沙参				
		甘草				
		白术				
		熟地				
		红花				
		小计				
	保健醋口服液	苦荞麦				
合计						

主管　　　　　　　　　　审核　　　　　　　　　制表

174

一车间生产耗用煤气费分配表

2019 年 12 月 单位：元

应借科目		用量（立方米）	单价（元/立方米）	金额
生产成本	散醋（直接材料）	13 070	0.90	
合计				

主管　　　　　　　　　审核　　　　　　　　　制表

175－4－1

电费汇总表

2019 年 12 月 单位：元

部门	用途	用电量（千瓦时）	单价（元/千瓦时）	金额
一车间	生产耗用	32 000		25 600
	一般耗用	1 600		1 280
二车间	一般耗用	850		680
三车间	生产耗用	13 420		10 736
	一般耗用	630		504
四车间	生产耗用	8 270		6 616
	一般耗用	610		488
管理部门	一般耗用	6 780		5 424
合计		64 160	0.80	51 328

主管　　　　　　　　　审核　　　　　　　　　制表

175－4－2

生产工时表

2019 年 12 月

车间	生产产品	生产工时
三车间	老陈醋 500ml×12 瓶/箱	2 800
	老陈醋 2.4L×6 桶/箱	920
四车间	八珍醋	1 100
	保健醋口服液	820
合计		5 640

主管　　　　　　　　　审核　　　　　　　　　制表

175-4-3

三车间生产耗用电费分配表
2019 年 12 月
单位：元

应借科目		生产工时	分配率	应分配金额
生产成本（三车间）	老陈醋 500ml×12 瓶/箱	2 800		
	老陈醋 2.4L×6 桶/箱	920		
合计		3 720		

主管　　　　　　　　　审核　　　　　　　　　制表

175-4-4

四车间生产耗用电费分配表
2019 年 12 月
单位：元

应借科目		生产工时	分配率	应分配金额
生产成本（四车间）	八珍醋	1 100		
	保健醋口服液	820		
合计		1 920		

主管　　　　　　　　　审核　　　　　　　　　制表

176

水费汇总分配表
2019 年 12 月
单位：元

部门	用途	用量（立方米）	单价（元/立方米）	金额
一车间	生产耗用	28 000		
	一般耗用	111		
二车间	一般耗用	55		
三车间	一般耗用	506		
四车间	一般耗用	190		
管理部门	一般耗用	119		
合计		28 981	4.20	

主管　　　　　　　　　审核　　　　　　　　　制表

177-9-1

工资结算汇总表（简表）

2019 年 12 月　　　　　　　　　　　　　　　　　　　　　　　　　单位：元

车间、部门		应付工资
一车间	生产工人	561 210
	管理人员	25 400
二车间	生产工人	18 300
	管理人员	9 600
三车间	生产工人	41 600
	管理人员	9 800
四车间	生产工人	31 700
	管理人员	7 450
公司管理人员		149 190
合计		854 250

主管　　　　　　　　　审核　　　　　　　　　制表

177-9-2

三车间生产工人工资费用分配表

2019 年 12 月　　　　　　　　　　　　　　　　　　　　　　　　　单位：元

应借科目		生产工时	分配率	应分配金额
生产成本	500ml×12 瓶/箱	2 800		
	2.4L×6 桶/箱	920		
	合计	3 720		

主管　　　　　　　　　审核　　　　　　　　　制表

177-9-3

四车间生产工人工资费用分配表

2019 年 12 月　　　　　　　　　　　　　　　　　　　　　　　　　单位：元

应借科目		生产工时	分配率	应分配金额
生产成本	八珍醋	1 100		
	保健醋口服液	820		
	合计	1 920		

主管　　　　　　　　　审核　　　　　　　　　制表

177-9-4

社会保险费、住房公积金计算表

2019年12月　　　　　　　　　　　　　　　　　　　　　　单位：元

车间、部门		计提基数	养老保险 20%	医疗保险 7%	失业保险 2%	生育保险 0.80%	工伤保险 1.20%	住房公积金 12%	合计 43%
一车间	生产工人	561 210							
	管理人员	25 400							
二车间	生产工人	18 300							
	管理人员	9 600							
三车间	生产工人	41 600							
	管理人员	9 800							
四车间	生产工人	31 700							
	管理人员	7 450							
公司管理人员		149 190							
合　计		854 250							

主管　　　　　　　　　　　　审核　　　　　　　　　　　　制表

177-9-5

三车间生产工人社会保险费、住房公积金分配表

2019年12月　　　　　　　　　　　　　　　　　　　　　　单位：元

应借科目		生产工时	分配率	应分配金额
生产成本	500ml×12瓶/箱	2 800		
	2.4L×6桶/箱	920		
合计		3 720		

主管　　　　　　　　　　　　审核　　　　　　　　　　　　制表

177-9-6

四车间生产工人社会保险费、住房公积金分配表

2019年12月　　　　　　　　　　　　　　　　　　　　　　单位：元

应借科目		生产工时	分配率	应分配金额
生产成本	八珍醋	1 100		
	保健醋口服液	820		
合计		1 920		

主管　　　　　　　　　　　　审核　　　　　　　　　　　　制表

177-9-7

工会经费、职工教育经费计提表

2019 年 12 月 单位：元

车间、部门		计提基数	工会经费 2%	职工教育经费 2.5%	合计 4.5%
一车间	生产工人	561 210			
	管理人员	25 400			
二车间	生产工人	18 300			
	管理人员	9 600			
三车间	生产工人	41 600			
	管理人员	9 800			
四车间	生产工人	31 700			
	管理人员	7 450			
公司管理人员		149 190			
合计		854 250			

主管　　　　　　　审核　　　　　　　制表

177-9-8

三车间生产工人工会经费、职工教育经费分配表

2019 年 12 月 单位：元

应借科目		生产工时	分配率	应分配金额
生产成本	500ml×12 瓶/箱	2 800		
	2.4L×6 桶/箱	920		
合计		3 720		

主管　　　　　　　审核　　　　　　　制表

177-9-9

四车间生产工人工会经费、职工教育经费分配表

2019 年 12 月 单位：元

应借科目		生产工时	分配率	应分配金额
生产成本	八珍醋	1 100		
	保健醋口服液	820		
合计		1 920		

主管　　　　　　　审核　　　　　　　制表

178－2－1

工会经费收入专用收据

国财 01601　　　　　2019 年 12 月 31 日　　　　　NO.20151203

缴款单位（人）：益珍源醋业有限公司										
工会经费收入项目	内容	金额								
		百	十	万	千	百	十	元	角	分
企业拨交的工会经费	2019年12月计提的工会经费	¥		1	7	0	8	5	0	0
金额合计（小写）				¥	1	7	0	8	5	0	0
金额合计（大写）	壹万柒仟零捌拾伍元整									

第一联　存根

收款单位（盖章）：　　　　复核：汤国杰　　　　收款人：蒋丽娟

178－2－2

中国工商银行　网上银行电子回单

电子回单号码：

付款人	户名	益珍源醋业有限公司	收款人	户名	益珍源醋业有限公司工会		
	账号	0502121609		账号	0502120692		
	开户银行	中国工商银行太原小店支行		开户银行	中国工商银行太原小店支行		
金额	人民币（大写）：壹万柒仟零捌拾伍元整				¥ 17 085.00		
摘要	缴拨工会经费			业务（产品）种类	转账		
用途							
交易流水号	000230548			时间戳	2019-12-31		
	备注：						
	缴款人：	券别：	张数：	券别：	张数：		
		券别：	张数：	券别：	张数：		
	验证码：						
记账网点	36069	记账柜员	0016	记账日期	2019-12-31		

打印日期：2019 年 12 月 31 日

179

固定资产折旧计算表

2019 年 12 月　　　　　　　　　　　　　　　　　　　　　　　　单位：元

使用单位（部门）	上月固定资产折旧额	上月增加固定资产应计提折旧额	上月减少固定资产应计提折旧额	本月应计提的折旧额
一车间	160 962	347		
二车间	11 586			
三车间	34 732			
四车间	26 861			
管理部门	83 269			
合计	317 410			

主管　　　　　　　审核　　　　　　　制表

180

无形资产摊销计算表

2019 年 12 月　　　　　　　　　　　　　　　　　　　　　　　　单位：元

项目	成本	预计净残值	已提减值准备	预计使用寿命	本月应摊销额
八珍醋非专利技术	960 000	0	0	8 年	
合计					

主管　　　　　　　审核　　　　　　　制表

181

保健醋口服非专利技术使用费计算表

2019 年 12 月　　　　　　　　　　　　　　　　　　　　　　　　单位：元

项目	本月销量（箱）	单位使用费（元/箱）	应付使用费
保健醋口服液非专利技术使用费	700	10	

主管　　　　　　　审核　　　　　　　制表

182

一车间制造费用结转（分配）表

2019 年 12 月

应借科目			应结转金额（元）
生产成本	一车间	散醋	

主管　　　　　　　　审核　　　　　　　　制表

183

半成品成本计算单

车间：一车间　　　　　　　　　　　　　　　　　　　　本月产量：　　　升

半成品：散醋　　　　　　2019 年 12 月　　　　　　　单位：元

项目	直接材料	直接人工	制造费用	合计
月初在产品				
本月生产费用				
累计生产费用				
完工半成品成本				
单位成本				
月末在产品				

主管　　　　　　　　审核　　　　　　　　制单

184

自制半成品——散醋发出汇总表

2019 年 12 月　　　　　　　　　　　　　　　　　　　　单位：元

领用单位	用途	数量（升）	单价（元/升）	金额
二车间	散老陈醋			
合计				

主管　　　　　　　　审核　　　　　　　　制表

185

二车间制造费用结转（分配）表

2019 年 12 月　　　　　　　　　　　　　　　　　　　　单位：元

应借科目			应结转金额
生产成本	二车间	散老陈醋	

主管　　　　　　　　审核　　　　　　　　制表

186

半成品成本计算单

车间：二车间 本月产量：　　升
半成品：散老陈醋　　2019 年 12 月　　单位：元

项目	散醋用量（升）	直接材料	直接人工	制造费用	合计
月初在产品	2 350 110				
本月投入	586 590				
累计投入	2 936 700				
完工分配率	0.1997				
完工半成品	586 600				
单位成本					
月末在产品	2 350 100				

主管　　　　　　　　　审核　　　　　　　　　制单

187

自制半成品——散老陈醋发出汇总表

2019 年 12 月　　单位：元

领用单位	用途	数量	单价	金额
三车间	老陈醋 500ml×12 瓶/箱			
	老陈醋 2.4L×6 桶/箱			
四车间	八珍醋			
	保健醋口服液			
合计				

主管　　　　　　　　　审核　　　　　　　　　制表

188

三车间制造费用分配表

2019 年 12 月　　单位：元

应借科目		生产工时	分配率	应分配金额
生产成本	500ml×12 瓶/箱	2 800		
	2.4L×6 桶/箱	920		
合计		3 720		

主管　　　　　　　　　审核　　　　　　　　　制表

189-2-1

产成品成本计算单

车间：三车间　　　　　　　　　　　　　　　　　　　　　　　　本月产量：　　箱
产成品：老陈醋 500ml×12 瓶/箱　　　　2019 年 12 月　　　　　　单位：元

项目	直接材料	直接人工	制造费用	合计
月初在产品				
本月生产费用				
完工产品成本				
单位成本				
月末在产品				

主管　　　　　　　　　　审核　　　　　　　　　　制单

189-2-2

产成品成本计算单

车间：三车间　　　　　　　　　　　　　　　　　　　　　　　　本月产量：10 380 箱
产成品：老陈醋 2.4L×6 桶/箱　　　　　2019 年 12 月　　　　　　单位：元

项目	直接材料	直接人工	制造费用	合计
月初在产品				
本月生产费用				
完工产品成本				
单位成本				
月末在产品				

主管　　　　　　　　　　审核　　　　　　　　　　制单

190

四车间制造费用分配表

2019 年 12 月　　　　　　　　　　　　　　　　　　　　　　　　单位：元

应借科目		生产工时	分配率	应分配金额
生产成本	八珍醋	1 100		
	保健醋口服液	820		
合计		1 920		

主管　　　　　　　　　　审核　　　　　　　　　　制表

191-2-1

产成品成本计算单

车间：四车间　　　　　　　　　　　　　　　　　　　　　　　　本月产量：1 000 箱
产成品：八珍醋　　　　　　　　2019 年 12 月　　　　　　　　　单位：元

项目	直接材料	直接人工	制造费用	合计
月初在产品				
本月生产费用				
完工产品成本				
单位成本				
月末在产品				

主管　　　　　　　　　　审核　　　　　　　　　　制单

191-2-2

产成品成本计算单

车间：四车间　　　　　　　　　　　　　　　　　　　　　　　　本月产量：700 箱
产成品：保健醋口服液　　　　　2019 年 12 月　　　　　　　　　单位：元

项目	直接材料	直接人工	制造费用	合计
月初在产品				
本月生产费用				
完工产品成本				
单位成本				
月末在产品				

主管　　　　　　　　　　审核　　　　　　　　　　制单

192

产成品发出汇总表

2019 年 12 月　　　　　　　　　　　　　　　　　　　　　　　单位：元

产品名称	数量	单价	金额	用途或原因
老陈醋 500ml×12 瓶/箱				
老陈醋 2.4L×6 桶/箱				
八珍醋				
保健醋口服液				
合计				

主管　　　　　　　　　　审核　　　　　　　　　　制表

193

投资性房地产收入确认资料表

2019 年 12 月

单位：元

项目	应收租金期间	已预收租金	已确认收入	本月应确认收入
天宇写字楼6层	2019.1.1 至 12.31	418 560（含税）	352 000（不含税）	32 000

主管　　　　审核　　　　制表

194

投资性房地产折旧计算表

2019 年 12 月

单位：元

房地产项目	原值（成本）	预计净残值	已提减值准备	预计使用寿命	月折旧率	本月应计提折旧额
天宇写字楼8层	7 875 000	0	0	35 年		
合计						

主管　　　　审核　　　　制表

195

租赁负债——未确认融资费用摊销表

2019 年 12 月

单位：元

项目	应付本金	年利率	年摊销额	本月应摊销额
融资租赁厢式货车	715 116.60	7%		

主管　　　　审核　　　　制表

196

预付财产保险费摊销表

2019 年 12 月

单位：元

项目	预付总额	已摊销	本月应摊销	累计摊销
2019 财产保险费	86 616	79 398		
合计	86 616	79 398		

主管　　　　审核　　　　制表

197

2018 年国债利息计算表

2019 年 12 月

单位：元

项目	成本	计息期间	已计利息	本月应计利息
2018 国债	1 200 000	2019.4.1 至 2020.4.1	40 000	5 000

主管　　　　审核　　　　制表

198

中国银河证券太原桃园营业部股票明细对账单

对账期间：2019 年 12 月 31 日 – 2019 年 12 月 31 日

资金账号：40100039268　　　　　　　户　　名：益珍源醋业有限公司

股票市值：1 300 000.00　　　　　　　资金余额：1 913 770.00

总 资 产：3 213 770.00　　　　　　　资金可用：1 913 770.00

股份余额汇总　　　　　　　　　　　　　　　　　　　单位：元

市场	证券代码	证券名称	当前余额	可用数	参考成本	市价	证券市值
沪市	603298	网维通讯	200 000	200 000	1 201 920	6.50	1 300 000
合计					1 201 920		1 300 000

199

坏账准备计提说明：根据预期信用损失法，本期计提的坏账准备为 1 723.28 元。

200

应交税费——应交增值税结转资料表

2019 年 12 月　　　　　　　　　　　　　　　　　　　　　单位：元

项目	进项税额	销项税额	转出未交增值税
应交增值税			

主管　　　　　　　　审核　　　　　　　　制表

201

应交城市维护建设税和教育费附加计算表

2019 年 12 月　　　　　　　　　　　　　　　　　　　　　单位：元

税种	计税依据（应交增值税）	税（费）率	应交税（费）额
城市维护建设税		7%	
教育费附加		3%	
地方教育费附加		2%	
合计			

主管　　　　　　　　审核　　　　　　　　制表

202-3-1

土地使用税计提表

2019 年 12 月　　　　　　　　　　　　　　　　　　　　　单位：元

税种	计提月份	计提依据（m²）	税率（月）	应缴税额
土地使用税	12 月	38 000	0.50 元/m²	

主管　　　　　　　　审核　　　　　　　　制表

202-3-2

房产税计提表

2019 年 12 月　　　　　　　　　　　　　　　　　　　　　　　　　单位：元

计税依据	计提月份	计提价值	税率	应缴税额
房产余值	12 月	21 325 000	0.1%	
房租	12 月	32 000	12%	
合计				

主管　　　　　　　　　审核　　　　　　　　　制表

202-3-3

车船使用税计提表

2019 年 12 月　　　　　　　　　　　　　　　　　　　　　　　　　单位：元

税目	年应交税额	本月应计提税额
乘用车	3 960	
货车	1 800	
合计	5 760	

主管　　　　　　　　　审核　　　　　　　　　制表

203-2-1

2019 年所得税差异资料汇总表　　　　　　　　　　　　　　　　　单位：元

日期	项目	暂时性差异		永久性差异	计算应纳税所得额	
		可抵扣暂时性差异	应纳税暂时性差异		调增	调减
12.12	业务招待费			209.20		
12.31	对外捐赠			2 754.60		
12.31	坏账准备结转	-1 170				
12.31	坏账准备计提	1 723.28				
12.31	国债利息			5 000		
12.31	其他权益工具投资——公允价值变动		98 080			
	合计	553.28	98 080	7 963.80		

注：出于实验需要，假定 2019 年 1—11 月未发生暂时性差异和永久性差异。

203－2－2

2019年所得税汇算草表

单位：元

项目	金额
1－11月利润总额	3 504 908
12月利润总额	
全年利润总额	
加：调增项目	
减：调减项目	
全年应纳税所得额	
全年应交所得税	
1－9月已交所得税	760 991
10－11月已计算应交所得税	115 236
12月应交所得税	

主管　　　　　　　审核　　　　　　　制表

204

损益类账户余额资料表

2019年12月31日　　　　　　　单位：元

会计账户	余额
主营业务收入	
其他业务收入	
投资收益	
资产处置损益	
主营业务成本	
其他业务成本	
税金及附加	
销售费用	
管理费用	
财务费用	
信用减值损失	
营业外支出	
所得税费用	

205

本年利润结转资料表

2019 年 12 月 31 日　　　　　　　　　　　　　　　　　　　　单位：元

项目	账户余额	应结转金额
本年利润		

主管　　　　　　　　审核　　　　　　　　制表

206

法定盈余公积计提表

2019 年　　　　　　　　　　　　　　　　　　　　　　　　　　单位：元

项目	计提基数	计提比例	应计提金额
盈余公积		10%	

主管　　　　　　　　审核　　　　　　　　制表

207

利润分配结转资料表

2019 年 12 月 31 日　　　　　　　　　　　　　　　　　　　　单位：元

项目	账户余额	应结转金额
利润分配（提取的盈余公积）		

主管　　　　　　　　审核　　　　　　　　制表

208

总账余额试算平衡表

2019 年 12 月 31 日 　　　　　　　　　单位：元

序号	会计科目	余额 借方	余额 贷方	序号	会计科目	余额 借方	余额 贷方
	一、资产类			41	短期借款		
1	库存现金			42	应付票据		
2	银行存款			43	应付账款		
3	其他货币资金			44	合同负债		
4	交易性金融资产			45	应付职工薪酬		
5	应收票据			46	应交税费		
6	应收账款			47	应付利息		
7	预付账款			48	应付利润		
8	应收利息			49	其他应付款		
9	其他应收款			50	长期借款		
10	坏账准备			51	应付债券		
11	在途物资			52	租赁负债		
12	原材料			53	递延所得税负债		
13	自制半成品				三、所有者权益类		
14	库存商品			54	实收资本		
15	发出商品			55	资本公积		
16	委托加工物资			56	其他综合收益		
17	低值易耗品			57	盈余公积		
18	存货跌价准备			58	本年利润		
19	债权投资			59	利润分配		
20	其他债权投资				四、成本类		
21	其他权益工具投资			60	生产成本		
22	长期股权投资			61	制造费用		
23	长期股权投资减值准备				五、损益类		
24	投资性房地产			62	主营业务收入		
25	投资性房地产累计折旧			63	其他业务收入		
26	长期应收款			64	公允价值变动损益		
27	固定资产			65	投资收益		
28	累计折旧			66	资产处置损益		
29	固定资产减值准备			67	其他收益		
30	在建工程			68	营业外收入		
31	工程物资			69	主营业务成本		
32	固定资产清理			70	其他业务成本		
33	使用权资产			71	税金及附加		
34	使用权资产累计折旧			72	销售费用		
35	使用权资产减值准备			73	管理费用		
36	无形资产			74	财务费用		
37	累计摊销			75	信用减值损失		
38	无形资产减值准备			76	资产减值损失		
39	长期待摊费用			77	营业外支出		
40	递延所得税资产			78	所得税费用		
	二、负债类						

209

资产负债表

会企01表

编制单位：　　　　　　　　　　　　年　月　日　　　　　　　　　　　　　单位：元

资产	期末余额	上年年末余额	负债和所有者权益（或股东权益）	期末余额	上年年末余额
流动资产：			流动负债：		
货币资金			短期借款		
交易性金融资产			交易性金融负债		
衍生金融资产			衍生金融负债		
应收票据			应付票据		
应收账款			应付账款		
应收款项融资			预收款项		
预付款项			合同负债		
其他应收款			应付职工薪酬		
存货			应交税费		
合同资产			其他应付款		
持有待售资产			持有待售负债		
一年内到期的非流动资产			一年内到期的非流动负债		
其他流动资产			其他流动负债		
流动资产合计			流动负债合计		
非流动资产：			非流动负债：		
债权投资			长期借款		
其他债权投资			应付债券		
长期应收款			其中：优先股		
长期股权投资			永续债		
其他权益工具投资			租赁负债		
其他非流动金融资产			长期应付款		
投资性房地产			预计负债		
固定资产			递延收益		
在建工程			递延所得税负债		
生产性生物资产			其他非流动负债		
油气资产			非流动负债合计		
使用权资产			负债合计		
无形资产			所有者权益（或股东权益）：		
开发支出			实收资本（或股本）		
商誉			其他权益工具		
长期待摊费用			其中：优先股		
递延所得税资产			永续债		
其他非流动资产			资本公积		
非流动资产合计			减：库存股		
			专项储备		
			盈余公积		
			未分配利润		
			所有者权益（或股东权益）合计		
资产总计			负债和所有者权益（或股东权益）总计		

210

利润表

会企 02 表

编制单位：　　　　　　　　　　　　　　　年 月　　　　　　　　　　　　　　　单位：元

项目	本期金额	上期金额
一、营业收入		
减：营业成本		
税金及附加		
销售费用		
管理费用		
研发费用		
财务费用		
其中：利息费用		
利息收入		
加：其他收益		
投资收益（损失以"-"号填列）		
其中：对联营企业和合营企业的投资收益		
以摊余成本计量的金融资产终止确认收益（损失以"-"号填列）		
净敞口套期收益（损失以"-"号填列）		
公允价值变动收益（损失以"-"号填列）		
信用减值损失（损失以"-"号填列）		
资产减值损失（损失以"-"号填列）		
资产处置收益（损失以"-"号填列）		
二、营业利润（亏损以"-"号填列）		
加：营业外收入		
减：营业外支出		
三、利润总额（亏损总额以"-"号填列）		
减：所得税费用		
四、净利润（净亏损以"-"号填列）		
（一）持续经营净利润（净亏损以"-"号填列）		
（二）终止经营净利润（净亏损以"-"号填列）		
五、其他综合收益的税后净额		
（一）不能重分类进损益的其他综合收益		
1. 重新计量设定受益计划变动额		
2. 权益法下不能转损益的其他综合收益		
3. 其他权益工具投资公允价值变动		
4. 企业自身信用风险公允价值变动		
……		
（二）将重分类进损益的其他综合收益		
1. 权益法下可转损益的其他综合收益		
2. 其他债权投资公允价值变动		
3. 金融资产重分类计入其他综合收益的金额		
4. 其他债权投资信用减值准备		
5. 现金流量套期储备		
6. 外币财务报表折算差额		
……		
六、综合收益总额		
七、每股收益：		
（一）基本每股收益		
（二）稀释每股收益		

211

现金流量表

会企 03 表

编制单位： _____年_月　　　　　　　　　　　　　　　　　单位：元

项目	本期金额	上期金额
一、经营活动产生的现金流量：		
销售商品、提供劳务收到的现金		
收到的税费返还		
收到其他与经营活动有关的现金		
经营活动现金流入小计		
购买商品、接受劳务支付的现金		
支付给职工以及为职工支付的现金		
支付的各项税费		
支付其他与经营活动有关的现金		
经营活动现金流出小计		
经营活动产生的现金流量净额		
二、投资活动产生的现金流量：		
收回投资收到的现金		
取得投资收益收到的现金		
处置固定资产、无形资产和其他长期资产收回的现金净额		
处置子公司及其他营业单位收到的现金净额		
收到其他与投资活动有关的现金		
投资活动现金流入小计		
购建固定资产、无形资产和其他长期资产支付的现金		
投资支付的现金		
取得子公司及其他营业单位支付的现金净额		
支付其他与投资活动有关的现金		
投资活动现金流出小计		
投资活动产生的现金流量净额		
三、筹资活动产生的现金流量：		
吸收投资收到的现金		
取得借款收到的现金		
收到其他与筹资活动有关的现金		
筹资活动现金流入小计		
偿还债务支付的现金		
分配股利、利润或偿付利息支付的现金		
支付其他与筹资活动有关的现金		
筹资活动现金流出小计		
筹资活动产生的现金流量净额		
四、汇率变动对现金及现金等价物的影响		
五、现金及现金等价物净增加额		
加：期初现金及现金等价物余额		
六、期末现金及现金等价物余额		

所有者权益变动表

编制单位：_____ 年度 _____ 会企04表 单位：元

项目	本年金额									上年金额								
	实收资本（或股本）	其他权益工具			资本公积	减：库存股	其他综合收益	专项储备	盈余公积	未分配利润	所有者权益合计	实收资本（或股本）	其他权益工具			资本公积	减：库存股	其他综合收益	专项储备	盈余公积	未分配利润	所有者权益合计
		优先股	永续债	其他									优先股	永续债	其他							
一、上年年末余额																						
加：会计政策变更																						
前期差错更正																						
其他																						
二、本年年初余额																						
三、本年增减变动金额（减少以"-"号填列）																						
（一）综合收益总额																						
（二）所有者投入和减少资本																						
1. 所有者投入的普通股																						
2. 其他权益工具持有者投入资本																						
3. 股份支付计入所有者权益的金额																						
4. 其他																						
（三）利润分配																						
1. 提取盈余公积																						
2. 对所有者（或股东）的分配																						
3. 其他																						
（四）所有者权益内部结转																						
1. 资本公积转增资本（或股本）																						
2. 盈余公积转增资本（或股本）																						
3. 盈余公积弥补亏损																						
4. 设定受益计划变动额结转留存收益																						
5. 其他综合收益结转留存收益																						
6. 其他																						
四、本年年末余额																						

第六部分 参考答案

一、会计分录

业务号	日期	凭证号数	摘要	一级科目	二级科目	三级科目	借方金额	贷方金额	附件张数
1	1	转1	从嘉禾佳农贸有限公司购进原材料	原材料	原料及主要材料	高粱	138 000		3
				应交税费	应交增值税	进项税额	12 420		
				其他货币资金	银行汇票存款	嘉禾佳农贸有限公司		150 420.00	
2	1	收1	银行汇票多余款退回	银行存款			9 580		1
				其他货币资金	银行汇票存款	嘉禾佳农贸有限公司		9 580	
3	1	转2	销售给一百利连锁超市总店产成品	应收账款	一百利连锁超市总店		50 172		2
				主营业务收入	老陈醋500ml×12瓶/箱			14 400	
					老陈醋2.4L×6桶/箱			30 000	
				应交税费	应交增值税	销项税额		5 772	
4	1	收2	3号仓库工程借入专门借款	银行存款			1 000 000		1
				长期借款	3号仓库专门借款			1 000 000	
5	1	付1	支付给中海建筑安装公司出包工程款	在建工程	3号仓库		1 000 000		2
				应交税费	应交增值税	进项税额	90 000		
				银行存款				1 090 000	
6	1	转3	融资租入厢式货车	使用权资产	厢式货运车		715 116.60		2
				租赁负债	未确认融资费用		184 983.40		
				租赁负债	租赁付款额	黄河租赁有限公司		900 100	

续表

业务号	日期	凭证号数	摘要	一级科目	二级科目	三级科目	借方金额	贷方金额	附件张数
8	2	付2	商标验收入库，支付货款	原材料	包装材料	老陈醋商标	86 000		3
						八珍醋商标	1 800		
				应交税费	应交增值税	进项税额	11 414		
				银行存款				99 214	
9	2	转4	销售给秦皇岛海景湾食品批发公司产品	应收账款	秦皇岛海景湾食品批发公司		162 720		2
				主营业务收入	老陈醋500ml×12瓶/箱			144 000	
				应交税费	应交增值税	销项税额		18 720	
			支付代垫运费	应收账款	秦皇岛海景湾食品批发公司		5 600		1
				银行存款				5 600	
			收到秦皇岛海景湾食品批发公司货款、代垫运费	银行存款			168 320		1
				应收账款	秦皇岛海景湾食品批发公司			168 320	
10	2	付3	提现备用	库存现金			10 000		
				银行存款				10 000	
11	2	付4	张志远出差预借差旅费	其他应收款	张志远		5 000		1
				库存现金				5 000	
14	3	付5	包装材料验收入库。出具银行承兑汇票	原材料	包装材料	玻璃瓶	140 000		3
				应交税费	应交增值税	进项税额	18 200		
				应付票据	银行承兑汇票	琳琅玻璃制品有限公司		158 200	
15	3	转5	收到龙城机场服务部上月购货欠款	银行存款			38 628		1
				应收账款	龙城机场服务部			38 628	
16	3	收4	销售给龙城机场服务部产品	应收账款	龙城机场服务部		18 306		2
				主营业务收入	老陈醋500ml×12瓶/箱			7 200	
					老陈醋2.4L×6桶/箱			9 000	
				应交税费	应交增值税	销项税额		2 106	

续表

业务号	日期	凭证号数	摘要	一级科目	二级科目	三级科目	借方金额	贷方金额	附件张数
17	3	付6	支付龙城电视台本月广告费	销售费用	广告费		500 000		2
				应交税费	应交增值税	进项税额	30 000		
				银行存款				530 000	
19	4	付7	包装材料验收入库，支付货款	原材料	包装材料	2.4L 塑料桶	80 600		3
				应交税费	应交增值税	进项税额	10 478		
				银行存款				91 078	
20	4	转7	销售给忻州金茂有限公司产品	合同负债	忻州金茂有限公司		58 308		2
				主营业务收入	老陈醋 500ml×12 瓶/箱			21 600	
					老陈醋 2.4L×6 桶/箱			30 000	
				应交税费	应交增值税	销项税额		6 708	
21	4	付8	购入锅炉软水盐，交付一车间使用	制造费用	一车间		500		2
				银行存款				500	
23	4	收5	收到一百利连锁超市总店上月购货欠款	银行存款	一百利连锁超市总店		138 294		1
				应收账款				138 294	
24	5	付9	预付裕丰农副产品贸易中心谷糠款	预付账款	裕丰农副产品贸易中心		185 550		1
				银行存款				185 550	
25	5	付10	从久源生物工程有限公司购进原料及主要材料	原材料	原料及主要材料	大曲	58 500		3
				应交税费	应交增值税	进项税额	7 605		
				银行存款				66 105	
26	5	收6	销售给刘东海产品，现金收讫	库存现金			8 136		2
				主营业务收入	老陈醋 500ml×12 瓶/箱			7 200	
				应交税费	应交增值税	销项税额		936	
27	5	付11	送存银行现金	银行存款			8 136		1
				库存现金				8 136	
28	5	付12	支付太原市煤气公司上月煤气费	应付账款	太原市煤气公司		10 845		
				应交税费	应交增值税	进项税额	976.05		
				银行存款				11 821.05	

续表

业务号	日期	凭证号数	摘要	一级科目	二级科目	三级科目	借方金额	贷方金额	附件张数
31	6	转8	由凯祥彩色包装有限公司承制的包装材料验收入库	原材料	包装材料		84 780		4
				应交税费	应交增值税	进项税额	11 021.40		
				预付账款	凯祥彩色包装有限公司			95 801.40	
32	6	收7	销售给保定泰和食品批发公司产成品	银行存款			454 260		3
				主营业务收入	老陈醋 500ml×12瓶/箱			252 000	
				主营业务收入	老陈醋 2.4L×6桶/箱			150 000	
				应交税费	应交增值税	销项税额		52 260	
33	6	付13	购买办公用品，发给各部门、车间使用	制造费用	一车间	办公费	72		3
				制造费用	二车间	办公费	27		
				制造费用	三车间	办公费	54		
				制造费用	四车间	办公费	54		
				管理费用	办公费		438		
				银行存款				645	
36	7	付14	从龙城中药材批发市场购入中药材	原材料	辅助材料		8 320		4
				应交税费	应交增值税	进项税额	748.80		
				银行存款				9 068.80	
37	7	收8	销售给龙城火车站超市产品	银行存款			25 764		3
				主营业务收入	老陈醋 500ml×12瓶/箱			10 800	
				主营业务收入	老陈醋 2.4L×6桶/箱			12 000	
				应交税费	应交增值税	销项税额		2 964	
38	7	付15	支付国网太原供电公司上月电费	应付账款	国网太原供电公司		49 840		2
				应交税费	应交增值税	进项税额	6 479.2		
				银行存款				56 319.2	
41	8	转9	定制的包装材料验收入库，货款尚未支付	原材料	包装材料	陶瓷瓶	30 720		2
				应交税费	应交增值税	进项税额	3 993.60		
				应付账款	古城陶瓷制品厂			34 713.60	

续表

业务号	日期	凭证号数	摘要	一级科目	二级科目	三级科目	借方金额	贷方金额	附件张数
42	8	转10	销售给一百利连锁超市总店产品	应收账款	一百利连锁超市总店		29 154		2
				主营业务收入	老陈醋500ml×12瓶/箱			10 800	
					老陈醋2.4L×6桶/箱			15 000	
				应交税费	应交增值税	销项税额		3 354	
43	8	付16	支付太原市自来水公司上月水费	应付账款	太原市自来水公司		117 180		2
				应交税费	应交增值税	进项税额	10 546.20		
				银行存款				127 726.20	
44	8	转11	购买股票，划分为交易性金融资产	交易性金融资产	"新海科技"股票		810 000		2
				投资收益	交易性金融资产收益		1 275		
				其他货币资金	存出投资款			811 275	
47	9	付17	从金穗粮食加工厂购进原材料	原材料	原料及主要材料	成本	70 200		4
				应交税费	应交增值税	进项税额	1 215		
				银行存款		麸皮		71 415	
48	9	收9	收到朔州调味品批发公司前欠货款	应收账款	朔州调味品批发公司		150 200		1
								150 200	
49	9	转12	销售给北京正和贸易有限公司糖酒批发部产品	应收票据	商业承兑汇票	北京正和贸易有限公司糖酒批发部	768 800		4
				主营业务收入	老陈醋500ml×12瓶/箱			360 000	
					老陈醋2.4L×6桶/箱			300 000	
				应交税费	应交增值税	销项税额		85 800	
				银行存款				23 000	
50	9	付18	发放上月工资（原始凭证包括转13）	应付职工薪酬	短期薪酬	工资	846 518		2
				银行存款				846 518	
	9	转13	代扣个人所得税（原始凭证见付18）	应付职工薪酬	短期薪酬	工资	2 032		
				应交税费	个人所得税			2 032	

续表

业务号	日期	凭证号数	摘要	一级科目	二级科目	三级科目	借方金额	贷方金额	附件张数
51	9	付19	交上月基本医疗保险、工伤保险、生育保险	应付职工薪酬	短期薪酬	社会保险费	76 369.50		
				银行存款				76 369.50	2
52	9	付20	交上月失业保险费	应付职工薪酬	离职后福利	失业保险费	16 971		
				银行存款				16 971	2
53	9	付21	交上月养老保险	应付职工薪酬	离职后福利	养老保险费	169 710		
				银行存款				169 710	2
54	9	付22	交上月住房公积金	应付职工薪酬	短期薪酬	住房公积金	101 826		
				银行存款				101 826	2
58	10	收10	销售给曹梦溪产品	库存现金			13 560		
				主营业务收入	老陈醋2.4L×6桶/箱			12 000	
				应交税费	应交增值税	销项税额		1 560	2
59	10	付23	送存银行现金	银行存款			13 560		
					库存现金			13 560	1
60	10	付24	缴纳上月税费，代交个人所得税	应交税费	未交增值税		401 290		
					应交城建税		28 090.30		
					应交教育费附加		12 038.70		
					应交个人所得税		2 032.00		
				银行存款				443 451	2
63	11	付25	从华明制曲厂购进原材料	原材料	原料及主要材料	大曲	50 700		
				应交税费	应交增值税	进项税额	6 591		
				银行存款				57 291	4
64	11	转14	销售给花都超市总店产品	应收账款	花都超市总店		66 444		
				主营业务收入	老陈醋500ml×12瓶/箱			28 800	
					老陈醋2.4L×6桶/箱			30 000	
				应交税费	应交增值税	销项税额		7 644	2

续表

业务号	日期	凭证号数	摘要	一级科目	二级科目	三级科目	借方金额	贷方金额	附件张数
65	11	收11	收到花都超市总店上月货款	银行存款	花都超市总店		137 241		1
				应收账款	花都超市总店			137 241	
66	11	付26	购买并更换灭火器	低值易耗品	手提式灭火器		672		3
				应交税费	应交增值税	进项税额	87.36		
				银行存款				759.36	
	11	转15	公司办公楼领用灭火器	管理费用	低值易耗品摊销		672		1
				低值易耗品	手提式灭火器			672	
68	11	付27	购买材料，委托加工档案柜	委托加工物资	诚品家具厂	档案柜	4 000		2
				应交税费	应交增值税	进项税额	520		
				银行存款				4 520	
69	12	转16	从裕丰农副产品贸易中心购买的谷糠验收入库	原材料	原料及主要材料	谷糠	80 000		3
				应交税费	应交增值税	进项税额	7 200		
				预付账款	裕丰农副产品贸易中心			87 200	
70	12	收12	销售晋阳调味品批发市场产品	银行存款			120 684		3
				主营业务收入	老陈醋 500ml×12 瓶/箱			46 800	
					老陈醋 2.4L×6 桶/箱			60 000	
				应交税费	应交增值税	销项税额		13 884	
71	12	付28	黄永光接待外地订货人员，报销餐费	管理费用	业务招待费		523		1
				库存现金				523	
73	12	收13	商业承兑汇票到期，收回款项	银行存款	商业承兑汇票	北京正和	980 000		1
				应收票据	商业承兑汇票	北京正和		980 000	
74	13	付29	从雁北粮油贸易有限公司购进原材料	原材料	原料及主要材料	高粱	69 200		3
				应交税费	应交增值税	进项税额	6 228		
				银行存款				75 428	

续表

业务号	日期	凭证号数	摘要	一级科目	二级科目	三级科目	借方金额	贷方金额	附件张数
75	13	付30	支付前欠西山煤业有限公司煤炭款	应付账款	西山煤业有限公司		131 040		1
				银行存款				131 040	
76	13	付31	从晋源镇草编制品厂购进草帘子	低值易耗品	草帘子		2 400		3
				银行存款				2 400	
	13	转17	一车间领用草帘子	制造费用	一车间	低值易耗品摊销	2 400		1
				低值易耗品	草帘子			2 400	
77	13	转18	购入自动洗瓶灌装生产线	固定资产	生产经营固定资产	灌装生产线	110 000		3
				应交税费	应交增值税	进项税额	14 300		
				预付账款	金龙灌装机械设备有限公司			50 000	
				银行存款				74 300	
80	14	付32	从太原面粉三厂购进原材料	原材料	原料及主要材料	麸皮	20 280		3
				银行存款				20 280	
81	14	收14	销售鲁翁恒山果子园贸易有限公司产品	银行存款			100 005		3
				主营业务收入	老陈醋 500mL×12瓶/箱			36 000	
					老陈醋 2.4L×6桶/箱			52 500	
				应交税费	应交增值税	销项税额		11 505	
82	14	付33	公司车队报销加油费、通行费、停车费	管理费用	其他		23 075		3
				库存现金				23 075	
85	15	转19	旧桑塔纳小轿车转入清理	固定资产清理	桑塔纳小轿车		20 000		1
				累计折旧			112 000		
				固定资产				132 000	
	15	转20	旧桑塔纳小轿车交换新阳镇制陶厂一批大缸	低值易耗品	大缸		22 000		3
				固定资产清理				20 000	
				应交税费	应交增值税	销项税额		640.78	
				资产处置损益	固定资产处置损益			1 359.22	

第六部分　参考答案

续表

业务号	日期	凭证号数	摘要	一级科目	二级科目	三级科目	借方金额	贷方金额	附件张数
86	15	转21	一车间、二车间领用低值易耗品	制造费用 制造费用 低值易耗品	一车间 二车间 大缸	低值易耗品摊销 低值易耗品摊销	6 000 16 000	22 000	2
87	15	转22	销售给一百利连锁超市总店产品	应收账款 主营业务收入 应交税费	一百利连锁超市总店 老陈醋 500ml×12 瓶/箱 应交增值税	销项税额	33 222	14 400 15 000 3 822	2
90	16	转23	从太原市盐业公司购进原材料	原材料 应交税费 应付账款	原料及主要材料 应交增值税 太原市盐业公司	食盐 进项税额	9 500 855	10 355	2
91	16	收15	销售给武江汉调味品贸易公司产成品	银行存款 主营业务收入 应交税费	老陈醋 500ml×12 瓶/箱 应交增值税	销项税额	406 800	360 000 46 800	3
92	16	付34	支付天津调味品研究所产品质量检测和咨询费	管理费用 应交税费	其他 应交增值税	进项税额	30 000 1 800	31 800	2
		付35	支付检测和咨询专家各项费用	管理费用 银行存款	其他		5 600	5 600	3
95	17	付36	由凯祥彩色包装有限公司承印的包装材料验收入库	原材料 应交税费 预付账款	包装材料 应交增值税 凯祥彩色包装有限公司	进项税额	51 800 6 734	15 801.4 74 335.40	3
96	17	收16	销售给晋城糖酒批发公司产品	银行存款 主营业务收入 应交税费	老陈醋 500ml×12 瓶/箱 应交增值税	销项税额	162 720	144 000 18 720	3

续表

业务号	日期	凭证号数	摘要	一级科目	二级科目	三级科目	借方金额	贷方金额	附件张数
97	17	转24	银行承兑汇票贴现	银行存款 财务费用	利息		782 000 18 000		1
				应票兑票据	银行承兑汇票	石家庄调味品批发公司		800 000	
100	18	付37	由琳琅玻璃制品有限公司定制的包装材料验收入库	原材料 应交税费 银行存款	包装材料 应交增值税	进项税额	140 000 18 200	158 200	3
101	18	转25	销售给龙城机场服务部产品	应收账款 主营业务收入 主营业务收入 应交税费	老陈醋 500ml×12 瓶/箱 老陈醋 2.4L×6 桶/箱 应交增值税	龙城机场服务部 销项税额	18 306	7 200 9 000 2 106	2
102	18	付38	杨晓阳报销职业技能培训费	应付职工薪酬 库存现金	短期薪酬	职工教育经费	4 300	4 300	1
105	19	付39	向开户银行申请签发银行本票	其他货币资金 银行存款	银行本票存款		100 000	100 000	1
106	19	转26	由博信塑料制品有限公司定制的包装材料验收入库	原材料 应交税费 其他货币资金	包装材料 应交增值税 银行本票存款	博信塑料公司 进项税额 博信塑料公司	80 600 10 478	91 078	3
	19	收17	结算银行本票多余款	银行存款 其他货币资金	银行本票存款		8 922	8 922	1
107	19	收18	销售给鸿福保健品有限公司产品	银行存款 主营业务收入 应交税费	八珍醋 保健醋口服液 应交增值税	销项税额	109 327.50	60 750 36 000 12 577.50	3

续表

业务号	日期	凭证号数	摘要	一级科目	二级科目	三级科目	借方金额	贷方金额	附件张数
108	19	付40	会议室维修投影仪	管理费用	维护及修理费		50		1
				库存现金				50	
110	20	转27	从嘉禾佳农贸有限公司购进原材料	原材料	原料及主要材料	高粱	69 000		4
				应交税费	应交增值税	进项税额	6 210		
				应付票据	商业承兑汇票	嘉禾佳农贸有限公司		75 210	
111	20	收19	销售给安阳金鼎贸易有限公司产品	银行存款			413 580		3
				主营业务收入	老陈醋 500ml×12 瓶/箱			216 000	
					老陈醋 2.4L×6 桶/箱			150 000	
				应交税费	应交增值税	销项税额		47 580	
112	20	付41	支付第二届北方食品展览会展览费	销售费用	展览费		8 000		3
				应交税费	应交增值税	进项税额	480		
				银行存款				8 480	
113	20	付42	向证券账户存出投资款	其他货币资金	存出投资款		2 000 000		1
				银行存款				2 000 000	
115	21	付43	从久源生物工程有限公司购进原材料	原材料	原料及主要材料	大曲	54 600		3
				应交税费	应交增值税	进项税额	7 098		
				银行存款				61 698	
116	21	转28	购入"网维通讯"股票，指定为其他权益工具投资	其他权益工具投资	股票（网维通讯）	成本	1 201 920		2
				其他货币资金	存出投资款			1 201 920	
117	21	付44	从平安劳保用品服务部购买防酸碱乳胶劳保手套	低值易耗品	乳胶手套		900		3
				应交税费	应交增值税	进项税额	117		
				银行存款				1 017	
	21	转29	四车间领用乳胶手套	制造费用	四车间	低值易耗品摊销	900		1
				低值易耗品	乳胶手套			900	

续表

业务号	日期	凭证号数	摘要	一级科目	二级科目	三级科目	借方金额	贷方金额	附件张数
118	21	付45	支付本季银行借款利息	应付利息	短期借款利息		77 760		
				财务费用	长期借款利息		93 880		
				在建工程	3号仓库工程	流动资金借款	3 333.33		2
				银行存款		一车间更新改造借款		284 973.33	
121	22	收20	结算本季银行存款利息	银行存款			3 890		1
				财务费用				3 890	
121	22	转30	从金穗粮食加工厂购进原材料	原材料	原料及主要材料	麸皮	70 200		3
				应交税费	应交增值税	进项税额	1 215		
				应付账款	金穗粮食加工厂			71 415	
122	22	转31	销售给一百利连锁超市总店产品	应收账款	一百利连锁超市总店		41 697		2
				主营业务收入	老陈醋500ml×12瓶/箱			14 400	
					老陈醋2.4L×6桶/箱			22 500	
				应交税费		销项税额		4 797	
123	22	付46	蒋旭光报销差旅费	管理费用		差旅费	5 630		2
				应交税费		进项税额	168		
				银行存款				5 798	
126	23	付47	支付金穗粮食加工厂麸皮款	应付账款	金穗粮食加工厂		71 415		1
				银行存款				71 415	
127	23	收21	销售给刘洋产品	库存现金			7 627.50		2
				主营业务收入	八珍醋			6 750	
				应交税费	应交增值税	销项税额		877.50	
128	23	付48	送存银行现金	银行存款			7 627.50		1
				库存现金				7 627.50	

第六部分 参考答案

业务号	日期	凭证号数	摘要	一级科目	二级科目	三级科目	借方金额	贷方金额	附件张数
129	23	付49	支付诚品家具厂档案柜加工费	委托加工物资	诚品家具厂	档案柜	2 000		2
				应交税费	应交增值税	进项税额	260		
				银行存款				2 260	
	23	转32	档案柜验收入库	低值易耗品	档案柜		6 000		1
				委托加工物资	诚品家具厂	档案柜		6 000	
	23	转33	档案室领用档案柜	管理费用	低值易耗品摊销		6 000		1
				低值易耗品	档案柜			6 000	
132	24	转34	销售给西安古都酒店集团产品	应收账款	西安古都酒店集团		508 500		3
				主营业务收入	老陈醋 2.4L×6 桶/箱			450 000	
				应交税费	应交增值税	销项税额		58 500	
133	24	付50	支付代垫运费	应收账款	西安古都酒店集团		19 000		1
				银行存款				19 000	
	24	付51	支付本月电话费	制造费用	一车间	办公费	689		3
					二车间	办公费	231		
					三车间	办公费	358		
					四车间	办公费	426		
				管理费用	办公费		2 446		
				银行存款				4 150	
136	25	付52	从倍卓生物工程有限公司购进原材料	原材料	原料及主要材料	糖化酶	4 380		3
						酵母	6 900		
				应交税费	应交增值税	进项税额	1 466.4		
				银行存款				12 746.4	
137	25	收22	销售给龙城火车站超市产品	银行存款			33 222		3
				主营业务收入	老陈醋 500ml×12 瓶/箱			14 400	
					老陈醋 2.4L×6 桶/箱			15 000	
				应交税费	应交增值税	销项税额		3 822	

续表

业务号	日期	凭证号数	摘要	一级科目	二级科目	三级科目	借方金额	贷方金额	附件张数
140	26	转35	销售给花都超市总店产品	应收账款	花都超市总店		74 580		2
				主营业务收入	老陈醋 500ml×12 瓶/箱			36 000	
					老陈醋 2.4L×6 桶/箱			30 000	
				应交税费	应交增值税	销项税额		8 580	
141	26	收23	转让持有的沁水煤业有限公司股权	银行存款			3 200 000		3
				长期股权投资	沁水煤业有限公司	投资成本		3 000 000	
						损益调整		135 000	
				投资收益				65 000	
144	27	付53	从太原面粉三厂购进原材料	原材料	原料及主要材料	麸皮	10 920		3
				银行存款				10 920	
145	27	收24	销售给晋阳调味品批发市场产品	银行存款			108 480		3
				主营业务收入	老陈醋 500ml×12 瓶/箱			36 000	
					老陈醋 2.4L×6 桶/箱			60 000	
				应交税费	应交增值税	销项税额		12 480	
146	27	付54	支付定制荣誉证书和锦旗款	管理费用	其他		672		2
				银行存款				672	
148	28	付55	从太营农贸市场购进原材料	原材料	原料及主要材料	花料	500		3
				银行存款				500	
149	28	转36	销售给上海新黄浦贸有限公司产品	应收票据	银行承兑汇票	上海新黄浦物贸有限公司	436 600		5
				主营业务收入	老陈醋 500ml×12 瓶/箱			360 000	
				应交税费	应交增值税	销项税额		46 800	
				银行存款				29 800	
150	28	付56	支付银行票据工本费、结算手续费	财务费用	手续费		357		1
				银行存款				357	
152	29	转37	从西山煤业有限公司购进原材料	原材料	原料及主要材料	煤炭	112 000		2
				应交税费	应交增值税	进项税额	14 560		
				应付账款	西山煤业有限公司			126 560	

续表

业务号	日期	凭证号数	摘要	一级科目	二级科目	三级科目	借方金额	贷方金额	附件张数
153	29	收25	销售给恒山果子园贸易有限公司产品	银行存款 主营业务收入 应交税费	老陈醋500ml×12瓶/箱 老陈醋2.4L×6桶/箱 应交增值税	销项税额	108 480	36 000 60 000 12 480	3
154	29	转38	张志远报销差旅费	管理费用 其他应收款	差旅费 张志远		3 680	3 680	1
	29	收26	张志远借出差款余款退回	库存现金 其他应收款	张志远		1 320	1 320	
155	29	收27	预收内蒙恒达利调味品批发公司货款	银行存款 合同负债	恒达利调味品批发公司		180 000	180 000	2
158	29	转39	向市社会福利院捐赠产品	营业外支出 应交税费	捐赠支出 应交增值税	销项税额	1 170	1 170	2
159	30	转40	卖出"新海科技"股票	其他货币资金 交易性金融资产 投资收益	存出投资款 交易性金融资产收益	成本	846 965	810 000 36 965	2
160	30	转41	与大中副食品商城达成债务重组协议, 收回货款	银行存款 坏账准备 投资收益 应收账款	大中副食品商城		216 000 1 170 16 830	234 000	1
161	30	付57	购买印花税票并贴花	税金及附加 库存现金			75	75	
162	30	转42	销售给北京天健养身保健品批发公司产品	应收账款 主营业务收入 应交税费	北京天健养身保健品批发公司 八珍醋 保健醋口服液 应交增值税	销项税额	279 675	157 500 90 000 32 175	2
	30	付58	支付销售产品运输费、装卸费	销售费用 应交税费 银行存款	运输费 装卸费 应交增值税	进项税额	1 200 300 126	1 626	3

续表

业务号	日期	凭证号数	摘要	一级科目	二级科目	三级科目	借方金额	贷方金额	附件张数
163	30	收28	收回托收承付款	银行存款	西安古都酒店集团公司		5 085 000		1
				应收账款	西安古都酒店集团公司			5 085 000	
166	31	转43	从裕丰衣副产品贸易中心购进原材料	在途物资	谷糠		40 000		2
				应交税费	应交增值税	进项税额	3 600		
				预付账款	裕丰衣副产品贸易中心			43 600	
167	31	转44	销售给内蒙恒达利调味品批发公司产品	合同负债	内蒙恒达利调味品批发公司		366 120		2
				主营业务收入	老陈醋 500ml×12瓶/箱			324 000	
				应交税费	应交增值税	销项税额		42 120	
			代垫内蒙恒达利调味品批发公司产品运费	合同负债	内蒙恒达利调味品批发公司		11 000		1
		付59		银行存款				11 000	
		付60	支付金麦快餐有限公司订餐费	应付职工薪酬	短期薪酬	职工福利	9 000		2
				银行存款				9 000	
170	31	转45	分配统一订餐费（提取职工福利费）	生产成本	一车间	散醋	6 000		2
					二车间	老陈醋	120		
					三车间	500ml×12瓶/箱	360		
						2.4L×6桶/箱	360		
					四车间	八珍醋	120		
				制造费用	一车间	保健醋口服液	120		
					二车间		360		
					三车间		120		
					四车间		120		
				管理费用			120		
				应付职工薪酬	短期薪酬	职工福利	1 200	9 000	

续表

业务号	日期	凭证号数	摘要	一级科目	二级科目	三级科目	借方金额	贷方金额	附件张数
171	31	转46	汇总分配原材料（原料及主要材料）费用	生产成本	一车间	散醋	851 699		1
				原材料	原料及主要材料			851 699	
172	31	转43	分配包装材料费用	生产成本	三车间	老陈醋500ml×12瓶/箱	462 150		1
						老陈醋2.4L×6桶/箱	186 840		
					四车间	八珍醋	40 620		
						保健醋口服液	46 200		
				原材料	包装材料			735 810	
173	31	转48	分配辅助材料费用	生产成本	四车间	八珍醋	8 320		1
						保健醋口服液	1 400		
				原材料	辅助材料			9 720	
174	31	转49	计算一车间生产散醋耗用煤气费用	生产成本	一车间	散醋	11 763		1
				应付账款	太原市煤气公司			11 763	
175	31	转50	分配本月电费	生产成本	一车间	散醋	25 600		3
					三车间	老陈醋500ml×12瓶/箱	8 080.80		
						老陈醋2.4L×6桶/箱	2 655.20		
					四车间	八珍醋	3 790.38		
						保健醋口服液	2 825.62		
				制造费用	一车间	水电费	1 280		
					三车间	水电费	680		
					四车间	水电费	504		
				管理费用	水电费	水电费	488		
				应付账款	国网太原供电公司		5 424	51 328	

续表

业务号	日期	凭证号数	摘要	一级科目	二级科目	三级科目	借方金额	贷方金额	附件张数
176	31	转51	分配本月水费	生产成本	一车间	散醋	117 600		1
				制造费用	一车间	水电费	466.20		
					二车间	水电费	231		
					三车间	水电费	2 125.20		
					四车间	水电费	798		
				管理费用	水电费		499.80		
				应付账款	太原市自来水公司			121 720.20	
177	31	转52	分配本月工资费用	生产成本	一车间	散醋	561 210		3
					二车间	散醋	18 300		
						老陈醋500ml×12 瓶/箱	31 311.84		
					三车间	老陈醋2.4L×6 桶/箱	10 288.16		
						八珍醋口服液	18 161.44		
					四车间	保健醋口服液	13 538.56		
				制造费用	一车间	工资	25 400		
					二车间	工资	9 600		
					三车间	工资	9 800		
					四车间	工资	7 450		
				管理费用	工资		149 190		
				应付职工薪酬	短期薪酬	工资		854 250	
	31	转53	计算分配社会保险费、住房公积金	生产成本	一车间	散醋	241 320.30		3
					二车间	散醋	7 869		
						老陈醋500ml×12 瓶/箱	13 464.08		
					三车间	老陈醋2.4L×6 桶/箱	4 423.92		
						八珍醋口服液	7 809.45		
					四车间	保健醋口服液	5 821.55		
				制造费用	一车间	社会保险及住房公积金	10 922		
					二车间	社会保险及住房公积金	4 128		
					三车间	社会保险及住房公积金	4 214		
					四车间	社会保险及住房公积金	3 203.50		

业务号	日期	凭证号数	摘要	一级科目	二级科目	三级科目	借方金额	贷方金额	附件张数
177	31	转53	计算分配社会保险费、住房公积金	管理费用	社会保险及住房公积金	社会保险费	64 151.70		3
				应付职工薪酬	短期薪酬	住房公积金		76 882.50	
					离职后福利			102 510	
								187 935	
				生产成本	一车间	散醋	25 254.45		
					二车间	散老陈醋	823.50		
					三车间	老陈醋500ml×12 瓶/箱	1 408.96		
						老陈醋2.4L×6 桶/箱	463.04		
					四车间	八珍醋	817.30		
						保健醋口服液	609.20		
				制造费用	一车间	其他	1 143		
					二车间	其他	432		
					三车间	其他	441		
					四车间	其他	335.25		
				管理费用	工会经费	工会经费	2 983.80		
					职工教育经费	职工教育经费	3 729.75		
				应付职工薪酬	短期薪酬	工会经费		17 085	
				应付职工薪酬	短期薪酬	职工教育经费		21 356.25	
178	31	付61	缴拨工会经费	应付职工薪酬			17 085		2
				银行存款				17 085	
179	31	转55	计提本月折旧	制造费用	一车间	折旧费	161 309		1
					二车间	折旧费	11 586		
					三车间	折旧费	34 732		
					四车间	折旧费	26 861		

续表

业务号	日期	凭证号数	摘要	一级科目	二级科目	三级科目	借方金额	贷方金额	附件张数
179	31	转55	计提本月折旧	管理费用	折旧费		83 269		1
				累计折旧				317 757	
180	31	转56	摊销无形资产	生产成本	八珍醋	制造费用	10 000		1
				累计摊销				10 000	
181	31	转57	计算保健醋口服液非专利技术使用费	生产成本	保健醋口服液	制造费用	7 000		1
				应付账款	水塔醋业有限公司			7 000	
182	31	转58	分配一车间制造费用	生产成本	一车间	制造费用	210 541.20		1
				制造费用	一车间			210 541.20	
183	31	转59	计算结转一车间完工自制半成品成本	自制半成品	散醋		2 049 918.28		1
				生产成本	一车间	散醋		2 049 918.28	
184	31	转60	结转自制半成品（散醋）发出成本	生产成本	二车间	散老陈醋	2 049 918.28		1
				自制半成品	散醋			2 049 918.28	
185	31	转61	结转（分配）二车间制造费用	生产成本	二车间	制造费用	43 035.00		1
				制造费用	二车间			43 035.00	
186	31	转62	结转二车间完工自制半成品成本	自制半成品	散老陈醋		2 116 020.20		1
				生产成本	二车间			2 116 020.20	
187	31	转63	结转自制半成品（散老陈醋）发出成本	生产成本	三车间	老陈醋500ml×12 瓶/箱	1 230 741.00		1
					三车间	老陈醋2.4L×6 桶/箱	862 453.44		
					四车间	八珍醋	17 310		
					散老陈醋	保健醋口服液	5 515.76		
				自制半成品	三车间	老陈醋500ml×12 瓶/箱	39 401.88		
					三车间	老陈醋2.4L×6 桶/箱	12 946.32		
					散老陈醋			2 116 020.20	
188	31	转64	分配三车间制造费用	生产成本	三车间		52 348.20		1
				制造费用	三车间			52 348.20	

续表

业务号	日期	凭证号数	摘要	一级科目	二级科目	三级科目	借方金额	贷方金额	附件张数
189	31	转65	结转完工老陈醋500ml×12瓶/箱成本	库存商品	老陈醋500ml×12瓶/箱	老陈醋500ml×12瓶/箱	1 786 918.56		1
				生产成本	三车间			1 786 918.56	
		转66	结转完工老陈醋2.4L×6桶/箱成本	库存商品	老陈醋2.4L×6桶/箱	老陈醋2.4L×6桶/箱	1 080 430.08		1
				生产成本	三车间			1 080 430.08	
190	31	转67	分配四车间制造费用	生产成本	四车间	八珍醋	23 280.95		1
				生产成本	四车间	保健醋口服液	17 354.80		
				制造费用	四车间			40 635.75	
191	31	转68	结转八珍醋完工产品成本	库存商品	八珍醋	八珍醋	130 229.52		1
				生产成本	四车间			130 229.52	
		转69	结转保健醋口服液完工产品成本	库存商品	保健醋口服液	保健醋口服液	100 385.49		1
				生产成本	四车间			100 385.49	
192	31	转70	结转销售库存商品成本（原始凭证包括转71）	主营业务成本	老陈醋500ml×12瓶/箱		1 746 535		1
					老陈醋2.4L×6桶/箱		1 049 227.20		
					八珍醋		130 229.52		
					保健醋口服液		100 385.49		
				库存商品	老陈醋500ml×12瓶/箱			1 746 535	
					老陈醋2.4L×6桶/箱			1 049 227.20	
					八珍醋			130 229.52	
					保健醋口服液			100 385.49	
		转71	结转捐赠商品成本（原始凭证见转70）	营业外支出	捐赠支出		6 245.40		（无）
				库存商品	老陈醋2.4L×6桶/箱			6 245.40	
193	31	转72	确认本月投资性房地产租金收入	合同负债	龙翔软件有限公司		34 880		1
				其他业务收入	投资性房地产收入			32 000	
				应交税费	应交增值税	销项税额		2 880	

续表

业务号	日期	凭证号数	摘要	一级科目	二级科目	三级科目	借方金额	贷方金额	附件张数
194	31	转73	计提投资性房地产折旧	其他业务成本	投资性房地产成本		18 750		1
				投资性房地产累计折旧				18 750	
195	31	转74	摊销租赁式货车未确认融资费用	财务费用	利息		4 171.51		1
				租赁负债	未确认融资费用			4 171.51	
196	31	转75	摊销本月预付财产保险费	管理费用	保险费	2019财产保险费	7 218		1
				预付账款	太平保险			7 218	
197	31	转76	计算债权投资应收利息	应收利息	2018国债		5 000		1
				投资收益				5 000	
198	31	转77	确认其他权益工具投资公允价值变动	其他权益工具投资	公允价值变动		98 080		1
				其他综合收益	其他权益工具投资公允价值变动	"网维通讯"		98 080	
199	31	转78	计提坏账准备	信用减值损失	计提坏账准备		1 723.28		1
				坏账准备				1 723.28	
200	31	转79	转出未交增值税	应交税费	应交增值税	转出未交增值税	246 165.77		1
				应交税费	未交增值税			246 165.77	
201	31	转80	计算本月应交城建税和教育费附加	税金及附加	应交城市维护建设税		29 539.89		1
				应交税费	教育费附加	44 645		17 231.60	
					地方教育费附加			7 384.97	
								4 923.32	
202	31	转81	计算本月应交土地使用税、应交房产税和应交车船使用税	税金及附加	应交土地使用税			19 000	3
					应交房产税			25 165	
				应交税费	应交车船使用税			480	

第六部分 参考答案

续表

业务号	日期	凭证号数	摘要	一级科目	二级科目	三级科目	借方金额	贷方金额	附件张数
203	31	转82	计算本月应交所得税	所得税费用			84 546.67		2
				其他综合收益	其他权益工具投资——公允价值变动		24 520		
				递延所得税资产			138.32		
				应交税费	应交所得税			84 684.99	
				递延所得税负债				24 520	
204	31	转83	结转收入	主营业务收入	老陈醋500ml×12瓶/箱		2 502 000		1
					老陈醋2.4L×6桶/箱		1 512 000		
					八珍醋		225 000		
					保健醋口服液		126 000		
				其他业务收入			32 000		
				投资收益			88 860		
				资产处置损益			1 359.22		
				本年利润				4 487 219.22	
		转84	结转成本、费用	本年利润			4 231 543.01		见转83
				主营业务成本	老陈醋500ml×12瓶/箱			1 746 535	
					老陈醋2.4L×6桶/箱			1 049 227.20	
					八珍醋			130 229.52	
					保健醋口服液			100 385.49	
				其他业务成本				18 750	
				税金及附加				74 259.89	
				销售费用				509 500	
				管理费用				396 452.05	
				财务费用				112 518.51	
				信用减值损失				1 723.28	
				营业外支出				7 415.40	
				所得税费用				84 546.67	

续表

业务号	日期	凭证号数	摘要	一级科目	二级科目	三级科目	借方金额	贷方金额	附件张数
205	31	转85	结转本年利润	本年利润	未分配利润		2 884 357.21		1
				利润分配	未分配利润			2 884 357.21	
206	31	转86	提取法定盈余公积	利润分配	提取的盈余公积		288 435.72		1
				盈余公积	法定盈余公积			288 435.72	
207	31	转87	结转利润分配	利润分配	未分配利润		288 435.72		1
					提取的盈余公积			288 435.72	

二、汇总表、分配表和资料表

171

发出材料（原料及主要材料）汇总表

2019 年 12 月　　　　　　　　　　　　　　　　　　　　　　　　单位：元

领用部门	用途	材料名称	数量	单位	单价	金额
一车间 （制醋车间）	生产散醋	高粱	117 320	公斤	2.30	269 836
		大曲	42 780	公斤	3.90	166 842
		麸皮	116 800	公斤	1.56	182 208
		谷糠	116 800	公斤	0.80	93 440
		食盐	11 420	公斤	0.95	10 849
		糖化酶	580	公斤	7.30	4 234
		酵母	280	公斤	23	6 440
		花料	25	公斤	10	250
		煤炭	210 000	公斤	0.56	117 600
合计						851 699

主管　　　　　　　　审核　　　　　　　　制表

172

发出材料（包装材料）汇总表

2019 年 12 月　　　　　　　　　　　　　　　　　　　　　　　　单位：元

领用部门	用途	材料名称	数量	单位	单价	金额
三车间 （灌装车间）	老陈醋 500ml×12 瓶/箱	玻璃瓶	426 600	个	0.70	298 620
		商标	426 600	套	0.20	85 320
		纸箱	35 550	个	2.20	78 210
		小计				462 150
	老陈醋 2.4L×6 桶/箱	2.4L 塑料桶	62 280	个	2.60	161 928
		纸箱	10 380	个	2.40	24 912
		小计				186 840
四车间 （保健醋车间）	八珍醋	陶瓷瓶	6 000	个	5.12	30 720
		纸盒	3 000	个	1.50	4 500
		商标	6 000	套	0.30	1 800
		纸箱	1 000	个	3.60	3 600
		小计				40 620
	保健醋口服液	口服液瓶	84 000	个	0.28	23 520
		纸盒	8 400	个	1.85	15 540
		手提袋	1 400	个	3.30	4 620
		纸箱	700	个	3.60	2 520
		小计				46 200
合计						735 810

主管　　　　　　　　审核　　　　　　　　制表

173

发出材料（辅助材料）汇总表

2019 年 12 月 　　　　　　　　　　　　　　　　　　　　　　　　　　单位：元

领用部门	用途	材料名称	数量	单位	单价	金额
四车间 （保健醋车间）	八珍醋	人参	2	公斤	950	1 900
		黄芪	12	公斤	55	660
		当归	15	公斤	110	1 650
		沙参	15	公斤	60	900
		甘草	18	公斤	35	630
		白术	18	公斤	53	954
		熟地	6	公斤	31	186
		红花	9	公斤	160	1 440
		小计				8 320
	保健醋口服液	苦荞麦	350	公斤	4	1 400
合计						9 720

主管　　　　　　　　　　审核　　　　　　　　　　制表

174

一车间生产耗用煤气费分配表

2019 年 12 月 　　　　　　　　　　　　　　　　　　　　　　　　　　单位：元

应借科目		用量（立方米）	单价（元/立方米）	金额
生产成本	散醋（直接材料）	13 070	0.90	11 763
合计		13 070	0.90	11 763

主管　　　　　　　　　　审核　　　　　　　　　　制表

175 − 4 − 3

三车间生产耗用电费分配表

2019 年 12 月 　　　　　　　　　　　　　　　　　　　　　　　　　　单位：元

应借科目		生产工时	分配率	应分配金额
生产成本 （三车间）	老陈醋 500ml×12 瓶/箱	2 800		8 080.80
	老陈醋 2.4L×6 桶/箱	920		2 655.20
合计		3 720	2.8860	10 736

主管　　　　　　　　　　审核　　　　　　　　　　制表

175-4-4

四车间生产耗用电费分配表

2019 年 12 月　　　　　　　　　　　　　　　　　　　　　单位：元

应借科目		生产工时	分配率	应分配金额
生产成本 （四车间）	八珍醋	1 100		3 790.38
	保健醋口服液	820		2 825.62
合计		1 920	3.4458	6 616

主管　　　　　　　　　审核　　　　　　　　　制表

176

水费汇总分配表

2019 年 12 月　　　　　　　　　　　　　　　　　　　　　单位：元

部门	用途	用量（立方米）	单价（元/立方米）	金额
一车间	生产耗用	28 000		117 600
	一般耗用	111		466.20
二车间	一般耗用	55		231
三车间	一般耗用	506		2 125.20
四车间	一般耗用	190		798
管理部门	一般耗用	119		499.80
合计		28 981	4.20	121 720.20

主管　　　　　　　　　审核　　　　　　　　　制表

177-9-2

三车间生产工人工资费用分配表

2019 年 12 月　　　　　　　　　　　　　　　　　　　　　单位：元

应借科目		生产工时	分配率	应分配金额
生产成本	500ml×12 瓶/箱	2 800		31 311.84
	2.4L×6 桶/箱	920		10 288.16
合计		3 720	11.1828	41 600

主管　　　　　　　　　审核　　　　　　　　　制表

177-9-3

四车间生产工人工资费用分配表

2019 年 12 月　　　　　　　　　　　　　　　　　　　　　单位：元

应借科目		生产工时	分配率	应分配金额
生产成本	八珍醋	1 100		18 161.44
	保健醋口服液	820		13 538.56
合计		1 920	16.5104	31 700

主管　　　　　　　　　审核　　　　　　　　　制表

177-9-4

社会保险费、住房公积金计算表

2019年12月　　　　　　　　　　　　　　　　　　　　　　　单位：元

车间、部门		计提基数	养老保险 20%	医疗保险 7%	失业保险 2%	生育保险 0.80%	工伤保险 1.20%	住房公积金 12%	合计 43%
一车间	生产工人	561 210	112 242	39 284.70	11 224.20	4 489.68	6 734.52	67 345.20	241 320.30
	管理人员	25 400	5 080	1 778	508	203.20	304.80	3 048	10 922
二车间	生产工人	18 300	3 660	1 281	366	146.40	219.60	2 196	7 869
	管理人员	9 600	1 920	672	192	76.80	115.20	1 152	4 128
三车间	生产工人	41 600	8 320	2 912	832	332.80	499.20	4 992	17 888
	管理人员	9 800	1 960	686	196	78.40	117.60	1 176	4 214
四车间	生产工人	31 700	6 340	2 219	634	253.60	380.40	3 804	13 631
	管理人员	7 450	1 490	521.50	149	59.60	89.40	894	3 203.50
公司管理人员		149 190	29 838	10 443.30	2 983.80	1 193.52	1 790.28	17 902.80	64 151.70
合计		854 250	170 850	59 797.50	17 085	6 834	10 251	102 510	367 327.50

主管　　　　　　　　　　审核　　　　　　　　　　制表

177-9-5

三车间生产工人社会保险费、住房公积金分配表

2019年12月　　　　　　　　　　　　　　　　　　　　　　　单位：元

应借科目		生产工时	分配率	应分配金额
生产成本	500ml×12瓶/箱	2 800		13 464.08
	2.4L×6桶/箱	920		4 423.92
合计		3 720	4.8086	17 888

主管　　　　　　　　　　审核　　　　　　　　　　制表

177-9-6

四车间生产工人社会保险费、住房公积金分配表

2019年12月　　　　　　　　　　　　　　　　　　　　　　　单位：元

应借科目		生产工时	分配率	应分配金额
生产成本	八珍醋	1 100		7 809.45
	保健醋口服液	820		5 821.55
合计		1 920	7.0995	13 631

主管　　　　　　　　　　审核　　　　　　　　　　制表

177-9-7

工会经费、职工教育经费计提表

2019 年 12 月　　　　　　　　　　　　　　　　　　　　　　　　　　　单位：元

车间、部门		计提基数	工会经费 2%	职工教育经费 2.5%	合计 4.5%
一车间	生产工人	561 210	11 224.20	14 030.25	25 254.45
	管理人员	25 400	508	635	1 143
二车间	生产工人	18 300	366	457.50	823.50
	管理人员	9 600	192	240	432
三车间	生产工人	41 600	832	1 040	1 872
	管理人员	9 800	196	245	441
四车间	生产工人	31 700	634	792.50	1 426.50
	管理人员	7 450	149	186.25	335.25
公司管理人员		149 190	2 983.80	3 729.75	6 713.55
合计		854 250	17 085	21 356.25	38 441.25

主管　　　　　　　　　　　审核　　　　　　　　　　　制表

177-9-8

三车间生产工人工会经费、职工教育经费分配表

2019 年 12 月　　　　　　　　　　　　　　　　　　　　　　　　　　　单位：元

应借科目		生产工时	分配率	应分配金额
生产成本	500ml×12 瓶/箱	2 800		1 408.96
	2.4L×6 桶/箱	920		463.04
合计		3 720	0.5032	1 872

主管　　　　　　　　　　　审核　　　　　　　　　　　制表

177-9-9

四车间生产工人工会经费、职工教育经费分配表

2019 年 12 月　　　　　　　　　　　　　　　　　　　　　　　　　　　单位：元

应借科目		生产工时	分配率	应分配金额
生产成本	八珍醋	1 100		817.30
	保健醋口服液	820		609.20
合计		1 920	0.7430	1 426.50

主管　　　　　　　　　　　审核　　　　　　　　　　　制表

179

固定资产折旧计算表

2019 年 12 月   单位：元

使用单位（部门）	上月固定资产折旧额	上月增加固定资产应计提折旧额	上月减少固定资产应计提折旧额	本月应计提的折旧额
一车间	160 962	347		161 309
二车间	11 586			11 586
三车间	34 732			34 732
四车间	26 861			26 861
管理部门	83 269			83 269
合计	317 410	347		317 757

主管　　　　　　　　审核　　　　　　　　制表

180

无形资产摊销计算表

2019 年 12 月   单位：元

项目	成本	预计净残值	已提减值准备	预计使用寿命	本月应摊销额
八珍醋非专利技术	960 000	0	0	8 年	10 000
合计	960 000				10 000

主管　　　　　　　　审核　　　　　　　　制表

181

保健醋口服液非专利技术使用费计算表

2019 年 12 月   单位：元

项　目	本月销量（箱）	单位使用费（元/箱）	应付使用费
保健醋口服液非专利技术使用费	700	10	7 000

主管　　　　　　　　审核　　　　　　　　制表

182

一车间制造费用结转（分配）表

2019 年 12 月   单位：元

应借科目			应结转金额
生产成本	一车间	散醋	210 541.20

主管　　　　　　　　审核　　　　　　　　制表

183

半成品成本计算单

车间：一车间

半成品：散醋

2019 年 12 月

本月产量：586 590 升

单位：元

项目	直接材料	直接人工	制造费用	合计
月初在产品	715 560.65	589 912.32	148 997.20	1 454 470.17
本月生产费用	1 006 662.00	833 784.75	210 541.20	2 050 987.95
累计生产费用	1 722 222.65	1 423 697.07	359 538.40	3 505 458.12
完工半成品成本	1 007 817.36	831 978.86	210 122.06	2 049 918.28
单位成本	1.72	1.42	0.35	3.49
月末在产品	714 405.29	591 718.21	149 416.34	1 455 539.84

主管　　　　　　　　审核　　　　　　　　制单

184

自制半成品——散醋发出汇总表

2019 年 12 月

单位：元

领用单位	用途	数量（升）	单价（元/升）	金额
二车间	散老陈醋	586 590	3.49	2 049 918.28
合计				2 049 918.28

主管　　　　　　　　审核　　　　　　　　制表

185

二车间制造费用结转（分配）表

2019 年 12 月

单位：元

应借科目			应结转金额
生产成本	二车间	散老陈醋	43 035.00

主管　　　　　　　　审核　　　　　　　　制表

186

半成品成本计算单

车间：二车间

半成品：散老陈醋　　　　　　2019 年 12 月　　　　　　本月产量：366 612 升

单位：元

项目	散醋用量（升）	直接材料	直接人工	制造费用	合计
月初在产品	2 350 110	8 199 421.72	106 357.50	170 150.00	8 475 929.22
本月投入	586 590	2 049 918.28	27 112.50	43 035.00	2 120 065.78
累计投入	2 936 700	10 249 340	133 470.00	213 185.00	10 595 995
完工分配率	0.1997				
完工半成品	586 600	2 046 793.20	26 653.96	42 573.04	2 116 020.20
单位成本		5.58	0.07	0.12	5.77
月末在产品	2 350 100	8 202 546.80	106 816.04	170 611.96	8 479 974.80

主管　　　　　　　　　　　　审核　　　　　　　　　　　　制单

187

自制半成品——散老陈醋发出汇总表

2019 年 12 月　　　　　　　　　　　　　　　　　　　　　　单位：元

领用单位	用途	数量	单价	金额
三车间	老陈醋 500ml×12 瓶/箱	213 300		1 230 741.00
	老陈醋 2.4L×6 桶/箱	149 472		862 453.44
四车间	八珍醋	3 000		17 310
	保健醋口服液	840		5 515.76
合计		366 612	5.77	2 116 020.20

主管　　　　　　　　　　　　审核　　　　　　　　　　　　制表

188

三车间制造费用分配表

2019 年 12 月　　　　　　　　　　　　　　　　　　　　　　单位：元

应借科目		生产工时	分配率	应分配金额
生产成本	500ml×12 瓶/箱	2 800		39 401.88
	2.4L×6 桶/箱	920		12 946.32
合计		3 720	14.0721	52 348.20

主管　　　　　　　　　　　　审核　　　　　　　　　　　　制表

189-2-1

产成品成本计算单

车间：三车间

产成品：老陈醋 500ml×12 瓶/箱　　　2019 年 12 月　　　本月产量：35 550 箱

单位：元

项目	直接材料	直接人工	制造费用	合计
月初在产品	0	0	0	0
本月生产费用	1 700 971.80	46 544.88	39 401.88	1 786 918.56
完工产品成本	1 700 971.80	46 544.88	39 401.88	1 786 918.56
单位成本	47.85	1.31	1.10	50.26
月末在产品	0	0	0	0

主管　　　　　　　　　审核　　　　　　　　　制单

189-2-2

产成品成本计算单

车间：三车间

产成品：老陈醋 2.4L×6 桶/箱　　　2019 年 12 月　　　本月产量：10 380 箱

单位：元

项目	直接材料	直接人工	制造费用	合计
月初在产品	0	0	0	0
本月生产费用	1 051 948.64	15 535.12	12 946.32	1 080 430.08
完工产品成本	1 051 948.64	15 535.12	12 946.32	1 080 430.08
单位成本	101.34	1.50	1.25	104.09
月末在产品	0	0	0	0

主管　　　　　　　　　审核　　　　　　　　　制单

190

四车间制造费用分配表

2019 年 12 月　　　　　　　　　　　　　　　单位：元

应借科目		生产工时	分配率	应分配金额
生产成本	八珍醋	1 100		23 280.95
	保健醋口服液	820		17 354.80
合计		1 920	21.1645	40 635.75

主管　　　　　　　　　审核　　　　　　　　　制表

191-2-1

产成品成本计算单

车间：四车间

产成品：八珍醋　　　　　　2019 年 12 月　　　　　　本月产量：1 000 箱

单位：元

项目	直接材料	直接人工	制造费用	合计
月初在产品	0	0	0	0
本月生产费用	70 040.38	26 908.19	33 280.95	130 229.52
完工产品成本	70 040.38	26 908.19	33 280.95	130 229.52
单位成本	70.04	26.91	33.28	130.23
月末在产品	0	0	0	0

主管　　　　　　　　　　审核　　　　　　　　　　制单

191-2-2

产成品成本计算单

车间：四车间

产成品：保健醋口服液　　　　2019 年 12 月　　　　　　本月产量：700 箱

单位：元

项目	直接材料	直接人工	制造费用	合计
月初在产品	0	0	0	0
本月生产费用	55 941.38	20 089.31	24 354.80	100 385.49
完工产品成本	55 941.38	20 089.31	24 354.80	100 385.49
单位成本	79.92	28.70	34.79	143.41
月末在产品	0	0	0	0

主管　　　　　　　　　　审核　　　　　　　　　　制单

192

产成品发出汇总表

2019 年 12 月　　　　　　　　　　　　　　　　　单位：元

产品名称	数量	单价	金额	用途或原因
老陈醋 500ml×12 瓶/箱	34 750	50.26	1 746 535	销售
老陈醋 2.4L×6 桶/箱	10 080	104.09	1 049 227.20	销售
	60	104.09	6 245.40	对外捐赠
八珍醋	1 000	130.23	130 229.52	销售
保健醋口服液	700	143.41	100 385.49	销售
合计			3 032 622.61	

主管　　　　　　　　　　审核　　　　　　　　　　制表

193

投资性房地产收入确认资料表

2019 年 12 月　　　　　　　　　　　　　　　　　　单位：元

项目	应收租金期间	已预收租金	已确认收入	本月应确认收入
天宇写字楼6层	2015.1.1～12.31	418 560（含税）	352 000	32 000

主管　　　　　　　审核　　　　　　　制表

194

投资性房地产折旧计算表

2019 年 12 月　　　　　　　　　　　　　　　　　　单位：元

房地产项目	原值（成本）	预计净残值	已提减值准备	预计使用寿命	月折旧率	本月应计提折旧额
天宇写字楼8层	7 875 000	0	0	35 年	0.24%	18 750
合计	785 000	0	0			18 750

主管　　　　　　　审核　　　　　　　制表

195

租赁负债——未确认融资费用摊销表

2019 年 12 月　　　　　　　　　　　　　　　　　　单位：元

项目	应付本金	年利率	年摊销额	本月应摊销额
融资租赁厢式货车	715 116.60	7%	50 058.16	4 171.51

主管　　　　　　　审核　　　　　　　制表

196

预付财产保险费摊销表

2019 年 12 月　　　　　　　　　　　　　　　　　　单位：元

项目	预付总额	已摊销	本月应摊销	累计摊销
2019 财产保险费	86 616	79 398	7 218	86 616
合计	86 616	79 398	7 218	86 616

主管　　　　　　　审核　　　　　　　制表

197

2018 年国债利息计算表

2019 年 12 月　　　　　　　　　　　　　　　　　　单位：元

项目	成本	计息期间	已计利息	本月应计利息
2018 国债	3 000 000	2019.4.1～2020.4.1	40 000	5 000

主管　　　　　　　审核　　　　　　　制表

200

应交税费——应交增值税结转资料表

2019 年 12 月　　　　　　　　　　　　　　　　　　　　　　单位：元

项目	进项税额	销项税额	转出未交增值税
应交增值税	325 975.01	572 140.78	246 165.77

主管　　　　　　　　审核　　　　　　　　制表

201

应交城市维护建设税和教育费附加计算表

2019 年 12 月　　　　　　　　　　　　　　　　　　　　　　单位：元

税种	计税依据（应交增值税）	税（费）率	应交税（费）额
城市维护建设税	246 165.77	7%	17 231.60
教育费附加	246 165.77	3%	7 384.97
地方教育费附加	246 165.77	2%	4 923.32
合计			29 539.89

主管　　　　　　　　审核　　　　　　　　制表

202-3-1

土地使用税计提表

2019 年 12 月　　　　　　　　　　　　　　　　　　　　　　单位：元

税种	计提月份	计提依据（m²）	税率（月）	应缴税额
土地使用税	12 月	38 000	0.50 元/m²	19 000

主管　　　　　　　　审核　　　　　　　　制表

202-3-2

房产税计提表

2019 年 12 月　　　　　　　　　　　　　　　　　　　　　　单位：元

计税依据	计提月份	计提价值	税率	应缴税额
房产余值	12 月	21 325 000	0.1%	21 325
房租	12 月	32 000	12%	3 840
合计				25 165

主管　　　　　　　　审核　　　　　　　　制表

202-3-3

车船使用税计提表

2019 年 12 月　　　　　　　　　　　　　　　　　　　　　　单位：元

税目	年应交税额	本月应计提税额
乘用车	3 960	330
货车	1 800	150
合计	5 760	480

主管　　　　　　　　审核　　　　　　　　制表

203－2－1

2019 年所得税差异资料汇总表　　　　　　　　　　　　单位：元

日期	项目	暂时性差异		永久性差异	计算应纳税所得额	
		可抵扣暂时性差异	应纳税暂时性差异		调增	调减
12.12	业务招待费			209.20	209.20	
12.31	对外捐赠			2 754.60	2 754.60	
12.31	坏账准备结转	－1 170				1 170
12.31	坏账准备计提	1 723.28			1 723.28	
12.31	国债利息			5 000		5 000
12.31	其他权益工具投资——公允价值变动		98 080			
	合计	553.28	98 080	7 963.80	4 687.08	6 170

注：出于实验需要，假定 2015 年 1－11 月未发生暂时性差异和永久性差异。

203－2－2

2019 年所得税汇算草表　　　　　　　　　　　　单位：元

项目	金额
1－11 月利润总额	3 504 908
12 月利润总额	340 222.88
全年利润总额	3 845 130.88
加：调增项目	4 687.08
减：调减项目	6 170
全年应纳税所得额	3 843 647.96
全年应交所得税	960 911.99
1－9 月已交所得税	760 911
10－11 月已计算应交所得税	115 236
12 月应交所得税	84 684.99

主管　　　　　　审核　　　　　　制表

204

损益类账户余额资料表

2019 年 12 月 31 日　　　　　　　　　　　　　　　　　　单位：元

会计账户	余额
主营业务收入	4 365 000
其他业务收入	32 000
投资收益	88 860
资产处置损益	1 359.22
主营业务成本	3 026 377.21
其他业务成本	18 750
税金及附加	74 259.89
销售费用	509 500
管理费用	396 452.05
财务费用	112 518.51
信用减值损失	1 723.28
营业外支出	7 415.40
所得税费用	84 546.67

205

本年利润结转资料表

2019 年 12 月 31 日　　　　　　　　　　　　　　　　　　单位：元

项目	账户余额	应结转金额
本年利润	2 884 357.21	2 884 357.21

主管　　　　　　　审核　　　　　　　制表

206

法定盈余公积计提表

2019 年　　　　　　　　　　　　　　　　　　　　　　　　单位：元

项目	计提基数	计提比例	应计提金额
盈余公积	2 884 357.21	10%	288 435.72

主管　　　　　　　审核　　　　　　　制表

207

利润分配结转资料表

2019 年 12 月 31 日　　　　　　　　　　　　　　　　　　单位：元

项目	账户余额	应结转金额
利润分配（提取的盈余公积）	288 435.72	288 435.72

主管　　　　　　　审核　　　　　　　制表

208

总账余额试算平衡表

2019年12月31日　　　　　　　　　　　　　　　　　　　　　　　　　　　　　　单位：元

序号	会计科目	余额 借方	余额 贷方	序号	会计科目	余额 借方	余额 贷方
	一、资产类			41	短期借款		9 600 000
1	库存现金	10 597		42	应付票据		233 410
2	银行存款	4 486 126.76		43	应付账款		363 439.8
3	其他货币资金	1 913 770		44	合同负债	225 428	
4	交易性金融资产	0		45	应付职工薪酬		1 220 333.75
5	应收票据	1 205 400		46	应交税费		605 233.65
6	应收账款	630 556		47	应付利息		0
7	预付账款	54 750		48	应付利润		
8	应收利息	45 000		49	其他应付款		
9	其他应收款	5 000		50	长期借款		12 000 000
10	坏账准备		4 368.28	51	应付债券		
11	在途物资	40 000		52	租赁负债		719 288.11
12	原材料	322 568		53	递延所得税负债		24 520
13	自制半成品	0			三、所有者权益类		
14	库存商品	336 637.04		54	实收资本		10 000 000
15	发出商品	0		55	资本公积		2 300 000
16	委托加工物资	0		56	其他综合收益		73 560
17	低值易耗品	0		57	盈余公积		5 048 665.72
18	存货跌价准备	0		58	本年利润		
19	债权投资	1 200 000		59	利润分配		9 081 556.13
20	其他债权投资				四、成本类		
21	其他权益工具投资	1 300 0000		60	生产成本	9 935 514.64	0
22	长期股权投资	0		61	制造费用		
23	长期股权投资减值准备				五、损益类		
24	投资性房地产	7 875 000		62	主营业务收入		
25	投资性房地产累计折旧		1 800 000	63	其他业务收入		
26	长期应收款			64	公允价值变动损益		
27	固定资产	67 127 583		65	投资收益		
28	累计折旧		45 959 097	66	资产处置损益		
29	固定资产减值准备			67	其他收益		
30	在建工程	1 003 333.33		68	营业外收入		
31	工程物资			69	主营业务成本		
32	固定资产清理			70	其他业务成本		
33	使用权资产	715 116.60		71	税金及附加		
34	使用权资产累计折旧		0	72	销售费用		
35	使用权资产减值准备		0	73	管理费用		
36	无形资产	960 000		74	财务费用		
37	累计摊销		360 000	75	信用减值损失		
38	无形资产减值准备			76	资产减值损失		
39	长期待摊费用			77	营业外支出		
40	递延所得税资产	1 092.07		78	所得税费用		
	二、负债类					99 393 472.44	99 393 472.44